［新装版］

白隠入門

地獄を悟る

西村惠信

法藏館

白隠入門——地獄を悟る——　目次

第一章　白隠の前半生

一　生縁

五代将軍綱吉が将軍職に就いて五年目になる貞享二（一六八五）年がもうあと五日で年の瀬を迎えようとしています。そのあわただしい師走二十五日の早暁午前二時、東海道の宿場駅である駿州（静岡県）原宿の旅宿《はたご》沢瀉屋《おもだか》に男の子が生まれたのです。男二人女二人と産んでこの子で五人目になる赤ん坊を抱きあげる母にとって、末の子であるだけに、それだけ一緒に生きる歳月も短く思われ、一層いとおしくもあったことでしょう。この子には岩次郎という名前がつけられました。岩のように身心ともに堅固であれという願いであったのでしょうか。果たして母は岩次郎が二十歳のとき、夫よりも十四年も早くあの世に去って行ったのです。

この母は法名を妙遵日善大姉《みょうじゅんにちぜんだいし》というだけで俗名を知ることはできません。彼女はこんど生まれた子にはいままでにない不思議な経験をしました。平素から神仏に対する信仰の深い人で、人に対して優しい慈愛の人であったらしく、「資性淳善、常に慈行を好む」（『年譜』）とあります。

十カ月ばかり前のある夜、伊勢の方から幣帛《へいはく》が五十枚もの皇筐符《こうきょうふ》（お札）を乗せて飛んできたかと思うと、この家の屋根の上に止まって、威風凛々とたなびいた夢を見て、この子がお腹に宿ったことを知ったのでしたが、夕べも夕べでまた同じ夢を見たのです。そして心が浄め洗われているところへ、この子の誕生の声を聞いたのです。

その上この子の誕生は丑《うし》の歳、丑の月、丑の日、丑の刻であり、二十五日は北野天神の祭日に当たるわけですから、まさに菅公の再来ではないかと思われたのでしょう。そういえば、母妙遵は日頃から、近所の西念寺に祠ってある北野天神（丑天神）を崇敬し、お詣りを続けていたので、あるいはこの子は天神さまの宣託とも受けとれたことでしょう。

母はもともとこの長沢家の娘で父の方が婿入りをしてきていました。長沢家の先祖は甲州（山梨県）身延《みのぶ》の長沢村に住み、大石寺《だいしゃく》を開いた日興上人《にっこうしょうにん》に深く帰依《きえ》をした熱心な日蓮宗の信者であると伝えられます。

父は法名を秉心宗彜居士《へいしんそういこじ》といい、俗名はわかりませんが、近くの江梨村の杉山家から婿入りした人で、彼の生家杉山氏から出家して禅僧となった叔父が、大瑞和尚《だいずいおしょう》となってこの原宿の松蔭寺に住していたので、宗彝は子供のときからこの松蔭寺に出入りして叔父の大瑞和尚に育てられていたのです。そういう縁で和尚が彼を嫡子《ちゃくし》のない長沢家の養子として世話をしたのでしょう。だから長沢家にとって大瑞和尚は大恩人であり、家は日蓮宗であっても常に松蔭寺とは深い交わりをもって和尚を助けたと思われます。岩次郎少年はそういう縁で出家して松蔭寺の弟子となり、さらに白隠和尚となって松蔭寺に住し、生涯ここを離れなかったのであります。

いまも沼津市原東町の街道沿いに長沢家の屋敷跡があり「白隠禅師誕生地」の碑が建っています。その日と鼻のところに少し奥まって百八の石瓦で葺いた松蔭寺の質素な山門が静かに佇《たたず》んでいます。この寺は決して偉容を誇るタイプの寺でなく、茅舎《ぼうしゃ》の呼び名がふさわしいほどのものであり、それだけに訪れる人をやさしく迎え入れてくれます。

山門から真っ直ぐ正面に憤志堂と称する坐禅堂とその奥に白隠の木像を祠る祖堂があり、この建物の裏手に広い墓地がひろがっています。白隠さんの両親や、白隠さんに就いてしっかり坐禅をした有名な察女《さつじょ》の墓などが立ち並ぶ道を通って進むと一段高く石垣で囲まれた白隠さんの墓塔（荊叢塔《けいそうとう》）が弟子たちの卵塔と一緒に建っています。一炷《いっしゅ》の香を献じて静かに瞑目《めいもく》すると、すぐ左手の駿河湾の怒濤と海岸の松濤が耳に迫り、大白隠の呼ぶ声かと思われます。

五歳の夏、少年岩次郎はいつものように下女たちとこの浜に出て松の木の下で砂遊びをしていて、ぼんやりと空を眺めていると、空の彼方の入道雲がしだいに形を変えて崩れていくのに気づき、突然何ともやるせない気持ちになったといわれます。もとよりそのことを知る人はなかったことでしょう。

東海道に宿場が設けられたのが寛永十（一六三三）年で、それからというもの、五十年ばかり原の駅は大賑いでした。長沢家は農事を主としていましたが、宿場の本陣、脇本陣と肩を並べるほどの上旅籠《じょうはたご》で、当主は宿場の年寄役や問屋場の長を務めるという名門の旧家でした。

長沢家へ岩次郎の父が婿入りすると、当主は屋敷を二つに分けて別居し、自分たちの方を味噌屋戸右衛門とし、若夫婦の方の家名を沢瀉屋《おもだかや》権右衛門と称していたのです。沢瀉屋は後に岩次郎の一番上の兄（法名・玄峰古関）が相続して禅宗松蔭寺の檀家になり、味噌屋の方を次の兄（法名・円心日貞）が継ぎました。この法名からして、家の宗旨は本家味噌屋の方が継いだようです。そして三男の岩次郎は出家して、松蔭寺の単嶺和尚《たんれいおしょう》の弟子となったわけです。

岩次郎の長姉は同じ原宿大塚の丸屋八郎兵衛与八郎に嫁いだようですが、白隠さんの自伝『壁生草《いつまでぐさ》』によると、その相手となった檀那の与八郎は無類の俠客《きょうかく》であったといいます。次の姉は平沼村の農家斉藤家に嫁いでゆきました。

白隠さんの母上は熱心な日蓮信者でしたが、白隠さんが大垣の檜村にある瑞雲寺で馬翁宗竹という禅僧について修行していた二十歳の年（宝永元年、一七〇四）に六十歳で他界してしまいます。その遺骸は長沢家の菩提寺である日蓮宗の本広寺（浮島村石川）に葬られ、今も墓石に「南無妙法蓮華経妙遵日善」の名を見ることができます。

父はその十四年の後、白隠が松蔭寺に入山した享保二（一七一七）年に七十六歳でなくなります。それで白隠さんは本広寺より母の骨を分けて松蔭寺に持ち帰り、父と同穴に葬って両親の法名を並べて一本の碑を建てました。母の法名は「普照院妙遵日善大姉」と禅宗流にしてあります。白隠の生縁については秋山寛治さんの『沙門《しゃもん》白隠』（秋山愛子氏自費出版）を参照しました。

二　無常

白隠さんが幼少の頃、母から受けた宗教教育には想像に余りあるものがあります。同じ原宿の現在原西町といわれるところに昌源寺《しょうげんじ》という日蓮宗の寺があり、長沢家の親戚すじの庄司家のお寺でした。後年白隠さんに参禅して悟りを開いたといわれるあの察女も実はこの庄司家の娘でした。とにかく、母はわが子岩次郎を連れて、よくこの昌源寺へお説教を聴きに通ったらしいのです。『白隠年譜』（加藤正俊訓註・思文閣出版）にはその頃のことが次のように記されています。（現代訳・筆者）

（七歳）好んで寺に詣った。ある日『法華経』の講釈を聴いて帰ると、それをすっかり暗記して、近所の翁《おきな》や婆《ば》に復講《ふっこう》して驚かせた。

専修念仏の行者で休心房という人が、少年岩次郎をことのほか可愛がっていたが、「食事の残りものは湯を足してすっかり飲んでしまうこと、小便はかがみ込んでですること、北の方へ向かって小便したり、脚を投げ出したりしないこと。この三つを守ったならば幸福で永生きをするぞ」と教えた。白隠は死ぬまでこれを守った。

さらに『年譜』十一歳の条は次のように伝えます。

ある日、母に随って村の昌源経寺に詣った。窪金《くぼがね》の日厳上人《にちごんしょうにん》という人が『摩訶止観《まかしかん》』（法華三大部の一つ）を講じ、わかりやすく死後に閻魔のこらしめのあることを説き、地獄の様子を説いてきかせた。岩次郎はこれを聴くと身の毛のよだつ思いがした。「自分はいつも草木や虫魚を殺害《せつがい》したりして乱暴なことばかりしている。きっと自分は地獄に墜《お》ちるに違いない」と思うと、からだ中が震えて居ても立っても居れなかった。

ある夕方、母と風呂に入っていると女中の焚く風呂釜の湯が沸いて、浴盤（風呂の底の鉄）がゴロゴロと鳴り、炎が烈しく迸《ほと》ばしった。お湯が熱くなり、まるで身体に無数の矢を受けるように痛んだ。岩次郎は地獄の報いというものはこのようなものではないかと思い、大声をあげて哭《な》いた。それを見て母が、「お前は男の子ではないか。どうしてそんなに臆病なのか」と叱ると、「私は地獄が恐いのです。お母さんと一緒にいても怖しいのに、一人で地獄に墜ちたら誰が助けてくれるでしょう」という。「ちゃんと救われる道があるのだよ」というと、それを教えてくれといって母の手を離さない。母は途方に暮れて「西念寺さんにある北野天神さんにお祈りしなさい。必ず救ってくださるほどに」というと喜んで手をはなし、その後毎朝つるべの水を三杯ずつ浴びて天神に祈願をつづけるのであった。

十二歳のとき、岩次郎は他の子供たちと村祭りにやってきた浄瑠璃太夫の演ずる操り人形を見たのです。演題は「鍋かむり日進」で、法華の行者である日進上人が拷問を受けて真っ赤に焼けた鍋を頭にかむらされたが、法華経の功徳力によって、かえって清涼の楽を得たという奇蹟物語でした。

岩次郎は、早速に『法華経』の中の観音普門品《かんのんふもんぼん》第二十五や「大悲咒《だいひしゅう》」という呪文を唱えました。こうして数日して試みに真っ赤に焼いた火箸を股に当ててみますと、たちまち皮膚が焼けただれ、その痛さはいままでと変らない。岩次郎の苦悩はこうして深まるばかりでした。

日進上人と自分との違いはどこにあるのだろうと考えた岩次郎が思いついたのは、「出家」ということでした。そうだ、まず出家してお坊さんにならなくては救われないに違いない。そう思うとやもたてもたまらなくなり、坊さんになりたいと両親に願いでます。

当然のこととして、両親は可愛い末の子を手離す気持ちになれない。岩次郎は悲しい思いで日を過ごします。ある日家の二階にあがって大声で『金剛般若経《こんごうはんにゃきょう》』を読んでいると、旅籠の前に馬をつなごうとしてやってきた馬上の武士が、その清雅な声に感心しつつ帰ったこともありました。

家の中で修行はできないと考えた岩次郎は、原宿から北へ一里（四キロ）の柳沢に行き愛鷹《あたか》山の麓にどこか修行の場がないかと探し歩きました。さいわい谷川の流れのなかに三メートル四方ほどの一枚岩がある。そしてその少し上流の方に岩が一つ屹立《きつりつ》しているのです。岩次郎はその岩に観音さんを刻《きざ》みつけ、それに向かって坐禅をすることに決めます。毎日夜が明けると出かけて行って坐禅をしつつ覚えたお経を片っ端から読みつづける。夕方になると家に帰ってくるということを続けるのでした。岩次郎はいま十三歳です。

岩次郎はしだいに禅宗が好きになっていきました。日蓮宗の信者である母には悪いが、父はもともと禅宗の家に生まれた人でありました。また近くの松蔭寺は父の生家と俗縁があって幼少のころから親しかったので出家したいと申し出たのですが、反対されてしまったのです。岩次郎は出家はともかくとして、せめて禅の書物に親しみたくなったのでしょう。松蔭寺の隣りの徳源寺という寺の祖均という年配のお弟子さんに、漢文の手ほどきを受けることにします。

このお寺は今でもあります。もとは臨済宗円覚寺派であったのが戦国時代に荒廃して二百年ものあいだ無住だったというのを、妙心寺派の清見寺（興津《おきつ》にある）から出た松巌和尚《しょうがんおしょう》が再興し、その頃は第三世の性山《しょうざん》和尚が住んでおられたのです。祖均さんはこの和尚の一番弟子であったわけです。岩次郎は、テキストとして習った『句雙子《くぞうし》』という禅の詩句を集めた冊子を三カ月で丸暗記してしまいました。こうして岩次郎はふたたび出家を願い、両親もやがて岩次郎の菩提心を引き止めがたくなっていったのです。

三　出家

十五歳の二月二十五日。今日は北野天神さんの縁日です。岩次郎は両親の前に坐って、割愛の不孝を詫びると、沢瀉屋を後にして松蔭寺に急ぎました。ついに出家の志を全うすることができたことは、岩次郎にとってどんなにうれしいことだったでしょう。松蔭寺の和尚は単嶺祖《たんれいそ》伝《でん》という方で、度量の大きいのが評判でいかにも禅僧らしい力をもった人であったと書かれております。単嶺和尚は岩次郎の頭をきれいに剃ってやりますと、折り目の残る新調の衣を着せ、岩次郎に「慧鶴《えかく》」という素晴らしい僧名を与えました。そして大きくて優しい掌で慧鶴の背を叩き「坊《ぼん》さま、たしなまんせ」とひとこと諭《さと》されるだけでした。きっと和尚も自分の出家の日を想い出して胸がつまったのでしょう。

同席していた徳源寺の祖均さん（今はもう住山して東芳和尚となっていたのですが）がお祝いに偈《げ》を作ってくれました。「善哉真出家《ぜんざいしんのしゅつけ》　悲喜佛與魔《ぶつとまとひきせしむ》　若欲成斯道《もしどうをじょうぜんとほっせば》　莫忘三顧摩《さんまこをわするることなかれ》」という詩です。「よいお坊さんができたものだ。仏さんも悪魔も悲喜交《こも》ごものことだろう。仏道を究め尽くそうと思うのなら、一日三度頭を撫でるがよい。一つ、この頭をなぜ剃った、二つ、頭を剃ったからには何をすればよいか、三つ、何が出来れば完成かと反省するのだ」といったような意味になるでしょう。慧鶴は、このからだが火にも焼けず、水にも溺れぬような力を得るまでは死んでも修行を止めぬと固く決意するのでした。

ところで、この青年僧慧鶴が白隠と名のるようになるのは三十四歳の冬になってからですが、ここから先はわれわれにとって親しい「白隠さん」という呼び方で統一しようと思います。

さて、松蔭寺の門をくぐった白隠さんは、単嶺和尚がもはや老齢であって厳しく教育することはもう無理であるというので、この寺と縁のある沼津の大聖寺《だいしょうじ》の息道《そくどう》和尚に就いてしっかりと雛僧《すうそう》の教育を受けることになります。

大聖寺での白隠さんは、まる四年の間、四書五経や文選などをことごとく読破し、その上、生家の裏のあの西念寺の隣りで庵居していた日蓮宗のお坊さんで咸慧房という人から、全八巻の『法華経』を借りてきて熟読するという猛烈な勉強ぶりでした。

ただしかし、『法華経』を読んでみても、「唯《ただ》一乗のみ有って、諸法は寂滅す」などのことばのほかは全篇これ因縁話や譬え話ばかりで、白隠さんはいささか失望してしまいます。やっぱり「教外別伝《きょうげべつでん》」（教えの外に別に伝える）といわれる禅に如《し》くはなしとひそかに法華宗に対して批判の心をいだきます。

白隠さんが出家して翌々年、松蔭寺の単嶺和尚は亡くなられてしまい、大聖寺の兄弟子の透《とう》鱗《りん》さんが松蔭寺の和尚となって迎えられて行きました。

この透鱗和尚は生来蒲柳の質であったらしく、十五年も松蔭寺に住みましたが寺は荒れるばかりで、とうとうある日どこかへ出奔《しゅっぽん》してしまったのでした。

白隠さんの『年譜』三十二歳の条を見ると、病が重く、命旦夕《めいたんせき》に迫っている父の病状を知った白隠さんが、巌滝山《いわたきやま》での修行を中止して、久しぶりに無住となっている松蔭寺へ帰り毎日父の看病をされるところがあります。一日も早く巌滝山に帰って修行を続けたい一念の白隠さんを檀家の人々や近所の和尚たちが引きとめ、結局翌年（三十三歳）強引に松蔭寺の和尚として入山させられてしまうことになります。

その頃の松蔭寺の有様を『年譜』享保二年の条は次のように伝えます。

堂屋に星霜を宿し、床間に雨露を淋《そそ》ぐ。笠を戴いて事《じ》を執り、履《くつ》を著《つ》けて霊を祭る。しかのみならず、寺産《じさん》みな債主《さいしゅ》のために奪われ、僧物《そうもつ》は悉《ことごと》く商家の質となる。

白隠さんにとってこのような状況を見捨てておけなかったのは当然のことでしょう。その上、病床の父宗彝《い》も寺の荒廃と無住を次のように嘆いていたのです。

吾が松蔭は叔父大瑞の創建にして、我とともに土木の労を竭《つく》す。堂庫《どうく》全く備わり、林樹高く秀ずるも、皆な他《かれ》の汗血にあらざること無し。いままた守ること無きときは、則ち狐兎の園

と為ることも亦《ま》た遠からざらんか。いま也《ま》た鶴子《かくす》（慧鶴）を見ず。嗟已《ああや》んぬる哉《かな》。（『年譜』享和元年の条）

白隠さんはずいぶんと人情の厚い人であったらしく、『年譜』のあちこちにそのことを窺わしめる場面があります。このようにして寺から出奔して行方をくらましていた透鱗和尚に対しても、白隠さんが住持となってからひょっこり松蔭寺に帰ってこられると、松蔭寺に引きとめて老後の世話をされています。

ちょっと横道にそれますが、白隠さんの高弟である東嶺円慈《とうれいえんじ》という方の場合は、同じように人情が厚くても、敢えてそれを抑えて一見きわめて非人情なふるまいをされるのです。いつでも「仏道修行」を第一に掲げ、それが妨げられるような話になると、師の白隠にさえ徹底的に冷たく立ち向かうという質の人であったように見うけられます。

東嶺さんは近江（滋賀県）五個荘《ごかしょう》に生まれた方ですが、少年のころ、中仙道沿いに薬肆《やくし》を営んでいた生家に投宿された日向《ひゅうが》（宮崎県）の古月禅材《こげつぜんざい》和尚の、いかにも禅僧らしい清潔な人格に魅せられて、九歳のときに出家し、琵琶湖畔大徳寺の亮山《りょうざん》和尚の弟子となります。

東嶺さんは初め九州に旅して古月禅師の道場でわずか一年余り修行した後に、故郷滋賀に帰って杉杣《すぎそま》の蓮華谷で独接心《どくぜっしん》（一人で坐禅修行すること）をして悟りを開いた後に、駿州（静岡）の原に白隠さんを訪ねて入門された方であります。ちょうど白隠さんに随侍して日夜修行に精を出している頃に、故郷の師である亮山和尚から大徳寺の後継となるように嘆願がくるのですが、東嶺さんはきっぱりとこれを断っています。自分は寺を継ぐために出家したのではなく、仏道修行のために坊主になったのだ。出家には出家の孝養というものがあるので、師匠の願いといえども人情に流されるようなことはないというような内容の手紙が残っています（『白隠和尚全集』第七巻所収、「退養雑毒海《たいようざつどくかい》」）。

東嶺さんは後に白隠さんの命令でしぶしぶ近くの雛村の無量寺に入寺させられますが、それも三つの条件つきで、約束通りに寺のことは何もしませんでした。その後、白隠さんが松蔭寺の後住になるようにいわれると、やっぱりそうだったのかと無量寺を出奔してしまいます。

そういう東嶺に詫びを入れ、別の寺（龍沢寺《りゅうたく》）を手に入れたので、それを再建して入山して欲しいと嘆願される老白隠の手紙も残っています（『白隠和尚全集』第六巻所収、「鵠林尺牘《こくりんせきとく》」）。

そのようにして立派に出来あがった龍沢寺も、白隠さんが亡くなって八年後に火災によって全焼するという思いがけないことになるわけです。師の白隠さんに対して申し訳ないとして、一日も早く再建するのが常識ですが、東嶺さんはまだ火も収まっていないうちに神道を勉強する好機到来せりといって江戸に走ってしまった。それどころか、弟子たちが謀って龍沢を再建しようとしているのを聞いた東嶺さんは、その高弟を破門してしまうという有様です。少々理解に苦しむところがありますが、もちろん東嶺さんのこういう行為は、仏道再建、神道再建という使命感によるもので、心のうちでは師父に対する自分の不幸を詫びておられたに違いありません。東嶺さんは晩年しばしば故郷を訪ね、最後には父母の里で亡くなりました。

拙著『東嶺年譜』（思文閣出版、一九八二）三十三歳の条にこんな面白い話が見えます。この年白隠さんは東嶺さんを伴って甲府（山梨県）の能成寺《のうせい》に招かれて提唱《ていしょう》（禅録の講義）をしていた。白隠さんは滞在中まるで自分の身体の一部であるかのように東嶺を身辺から離さなかったといいます。東嶺さんの姿が見えないとき白隠さんは他の弟子に対して「東嶺のように戒律を守れ」と誡《さと》すのが常であったといいます。

ところで白隠さんは戒律ということでは東嶺さんほどに律義でなかったらしく、煙草など平素からプカプカと楽しまれたようです。『白隠和尚年譜』二十七歳の条に若き日の鉄通禅底《てっつうぜんてい》

（のち那須の雲巌寺に住す）と煙管《きせる》をめぐる問答をして戯れているところがあります。のちに信《しの》田《だ》（和泉市尾井町）の蔭涼《いんりよう》寺にいるころ、禁煙の誓いを立て愛用の煙管、煙管嚢《ぶくろ》、煙草入れなど「一時に泥に投じ杖を以て深く埋め以て遺意を絶っ」（『白隠和尚年譜草稿』）たとあるのですが、晩年にはまた煙草を嗜《たしな》んでおられたらしいのです。

さて能成寺の大会《だいえ》（坐禅と提唱の会）に来ていた白隠さんが、書院で煙管を出して一服というときに、東嶺さんが部屋に入ってきたのです。それに気づいた白隠さんがすぐに自分の後に匿《かく》してしまいます。東嶺さんは老白隠をやさしく労わり、別に嫌な顔もせず、側に近づくと煙管にきざみ煙草をつめて差し出します。すると白隠さんがにこにこしてこれを受け取られた、といったようなことが書かれております。まことに微笑ましい師と弟子の風景ではありませんか。

白隠さんには何となく茶目っ気があり、人々はそれを好んで白隠さんに近づいたことと思われます。白隠さんには在家の人々に書いて与えた書画や、仮名法語、あるいは手紙がたくさん残っていますが、東嶺さんには在家向きの仮名法語は一つもありません。

白隠さんには人間としての弱さのようなものの自覚もあるように思います。とても東嶺さんのように肉親の情というものも絶つことができないところがあるようです。白隠さんが、原で生まれ、原で育ち、生涯を通じて原に住んだのも、父母への思慕《しぼ》が大きいと思います。地獄を恐れて出家した白隠さんは一応大悟徹底《たいごてってい》されて天下の善知識となられたわけですが、それでも、晩年になって「南無地獄大菩薩」の一行をたくさん書かれております。そこにえもいわれぬ白隠さんの人間味があふれているように思えるのであります。あるいはもしかすると、少年の日に風呂で恐れた地獄と、それを守ってくれた地獄菩薩としての母の姿を拝んでおられたのかも知れません。生涯、法華経に親しみ、また失望し、そしてまた法華経を読みつつ大悟した白隠さんにとって、この大切な経へ導いてくれたのは日蓮信者であったお母さんであり、母の姿はこうしてつねに白隠さんの心の中に生きつづけられたものと考えられます。

さらに白隠さんがよく画かれた自分のポートレートは、柳田聖山氏によると、日蓮上人の肖像画とそっくりだというのです。さらに柳田氏は、白隠という名は、白法《びゃくほう》（釈迦の教え）が隠《いん》没《もっ》してしまう末法の時代に生まれたということになるといい、沙羅樹下老人《さらじゅげろうじん》とか闡提窟《せんだいくつ》とかというペンネームや、鵠林という道号は、すべて釈迦の入滅と世界破滅への予感からつけられていると見ておられます。そういう末法澆季《ぎょうき》の時代に生きる宗教者の標《ひょう》として日蓮を見ていたというわけですが、いずれにせよ、日蓮信者であった母のイメージはつねにつきまとうのです。

四　行脚

若い日の白隠さんが地獄の苦患からの解脱《げだつ》を求めて入った禅の道は並大抵のものではなかったのです。『白隠和尚年譜』の前半を因行格《いんぎょうかく》と名づけておりますが、そこには文字通り白隠さんの血みどろの葛藤が遺憾なく記録せられています。いま、そのおもなところを紹介してみましょう。

大聖寺で四年のあいだ雛僧《すうそう》教育を受けた白隠さんは十九歳の青年となり、いよいよ他国への行脚《あんぎゃ》に出かけることになりました。禅宗では中国の昔から、遊方歴参して多くの禅者の教えを受けることを尊ぶのが伝統です。「江湖《ごうこ》負笈《ふぎゅう》の子《し》」となって南詢東請《なんじゅんとうしょう》するのです。「学に常師なく、遍歴《へんれき》を尚《たっと》しと為す」（『祖庭事苑』巻八雑志）というわけです。

白隠さんはまず清水の禅叢寺の門を叩き、その衆寮に掛搭《かとう》します。掛搭とは旅の道具（求道の用具）を鉤《かぎ》に引っ掛けて、しばらく滞在することです。

ある日長老の千英《せんえい》和尚が『江湖風月集』の講義のなかで次のような話をされました。

むかし、唐の頃、巌頭全奯《がんとうぜんかつ》という禅僧があって洞庭《どうてい》湖畔の臥竜山（巌頭）で大いに禅を唱えていたが、賊がやってきて刃で首を切られ大叫一声して死んでいったという話でした。これを聴いた白隠さんはがっかりしたのです。盗賊の難さえも免れえない者がどうして地獄を脱しえよう。巌頭和尚のような立派な人すら、なおこのおそまつさであるとすれば、自分などいわずと知れたこと。いや、ひょっとすると仏道などというものも所詮はそういう無力なものではないのか、などと考えると気分が沈み込んでしまうのでした。えい、ままよ、そうとなれば手習いでもしてのらりくらりと日を過ごすほかあるまいと秘かに怠惰の心を起こしたのであります。

年が改まって二十歳となった白隠さんは、桧木《ひのき》（大垣市桧町）の瑞雲寺にやってきます。

ここの和尚は馬翁宗竹《ばおうそうちく》という方で、弟子に対する教育の厳格なことで知られ、人々は「美濃の荒馬」などと陰口をたたくほどの人でありました。これを聞いた白隠さんは、ひとつ気だるくなり、やる気を失った自分を、この馬翁の前に出してみたらどうなるかと自己に対する叱咤鞭励のつもりでやってきたのでしょう。

同門の人たちの中に穏上座《おんじょうざ》（『壁生草《いつまでぐさ》』に穏馬山《おんばさん》と見える人、不詳）という人があって、やはり白隠さんと同じような経路を辿って備前岡山からやってきていたのですが、白隠さんはこの人と一緒に詩の勉強をしているうちに、「こんなことをして毎日を過ごしていてよいのだろうか」と少し侘しくなってくるのでした。

ある日、寺で蔵書の虫干しがありました。白隠さんはお堂にうず高く積まれた内外の典籍の中に立って瞑目すると「儒・仏・老・荘・諸家《しょけ》の道とあるうち、私はどれを師とすべきでありましょうか。護法の神々、願わくば私に正路を示したまえ」と、すがる思いで手元の一冊を取り上げると、それは『禅関策進』という禅籍でありました。その書を祈りをこめて開くと、たまたまそこには十一世紀の初めに生きた禅者慈明《じみょう》楚円《そえん》という人の坐禅修行の様子が書いてあったのです。「慈明引錐《いんすい》」というこの古来有名な個処を左に訳してみましょう。

慈明・谷泉《こくせん》・瑯琊《ろうや》の三人がグループを組んで汾陽善昭《ふんようぜんしょう》禅師に参禅した。当時、河東《かとう》の地方はひじょうに寒いので多くの人はそんなところで修行をすることを憚《はばか》った。ところが慈明だけは求道《ぐどう》の念があつく、朝夕《ちょうせき》怠ることがなかった。夜に坐禅していて眠くなると、錐《きり》をとってそれで自分の股《もも》を刺した。その後、汾陽の善昭禅師の後を嗣《つ》ぎ禅界は活気を呈した。人々は彼を西河《せいが》の獅子と謳《うた》った。

白隠さんはこのところを読むと、これぞ天の命ずるところと深く感じ、ふたたび坐禅の道に進もうと固く決意をしたのです。この年の五月、故郷から母死すの訃報が届きました。白隠さんは悲嘆の涙を抑えつつもただ冥福を祈るばかりでした。

翌年、馬翁の寺を辞した白隠さんは、洞戸《ほらど》（岐阜県）の保福寺、岩崎（同）の霊松院《れいしょう》、伊自良《いじら》（同）の東光寺、若狭《わかさ》（福井県）の常高寺、予州（愛媛県）の正宗寺《しょうじゅ》、備後《びんご》福山（広島県）の正寿寺と各地に三カ月逗留してはまた行脚という歴参の旅を続けましたが、旅の途上であの馬翁老師の病弱を聞くと直ちに大垣の瑞雲寺を訪ねて師の看病に侍すこと三カ月、さいわい馬翁が病から抜け出ると、白隠さんはまっすぐに駿陽《すんよう》（沼津）に帰って来ました。思えば大聖寺を出立してからやがて五年近くの歳月が流れていました。

富士のお山が大爆発したのはその歳の冬のことです。新幹線から見て右の斜面に見える突起がその時のもので、これが有名な宝永四（一七〇七）年の大爆発であります。

この歳の十一月二十二日夜から富士山麓一帯に大地震が起こると、二十三日朝から二十六日夕方までの丸四日、大噴火が続いたといいます。世にいう宝永山の噴出で、その火山灰は十二月八日まで降りつづいたそうで、恐らく人々はこの世の地獄を見る思いであったことでしょう。白隠さんはこのとき故郷の松蔭寺に逗留しておられたようで、『年譜』にはその時のようすが次のように書かれています。

冬、富士の内輪火熾《さか》んにして、山の中心を焚焼《ふんしょう》すること数日、山川《さんせん》鳴動し、日月晦冥《じつげつかいめい》す。幾ばくも無くして火勢廻りて東の山腰に迸出《ふんしゅつ》す。忽《たちま》ち無底の火坑を現ず。煙揚《あが》って万畳の雲を興し、焔撒《えんさん》じて百千の電《いなずま》を閃《ひらめか》す。或は砂飛んで滂《ぼう》雨《う》の如く、或は地震いて頽瀾《たいらん》に似たり。火坑の方《かた》に当って、村落尽く砂石の為に埋没せらるるもの其れ幾許《いくばく》ぞや。此の時に当って、松蔭の地大いに動いて、堂屋鳴震す。透鱗法兄《ほうひん》（前出の透鱗和尚のこと）及び庫間《くかん》の僮僕《どうぼく》悉く走って郊外に蹲《うずくま》る。師（白隠）独り堂（坐禅堂）上に在って兀坐《こつざ》（坐禅）す。意に誓って曰く、「我れ見性《けんしょう》の眼を開かば、諸聖擁護して必ず災害を免れん。然らずんば毀頽《きたい》の下（地震で崩れた建物の下敷になって）に撲殺せられん」と。族兄《ぞくひん》古関（白隠さんの兄・俗名不詳）来り責めて曰く、「危難前に在り。公、胡《なん》ぞ悠悠たるや」と。師（白隠）曰く、「我が命天に懸《かか》れり」と。怖畏する所無し。関（古関）責むること再三なるも、師起たず。尚、嶮難《けんなん》の工夫（公案に向かって坐禅工夫する）を試む。時を移して鳴動止む。師、端然として一も損傷すること無し。

この歳、白隠さんは道友たちと隣りの徳源寺の安居《あんご》に参加するのですが、やはり満足することができませんでした。

五　正受老人

白隠さんはいつの間にか二十四歳を迎えていました。この歳の春は、道友たちと越後高田（新潟県）の英巌寺《えいがんじ》までやってきて性徹《しょうてつ》（生鉄）和尚の『人天眼目』の講座を聴講しながら参禅していました。白隠さんは休み時間にも寸暇を惜しんで寺後の墓地に出かけて独りで坐禅を続けました。

ここに来て十日ほどたったある夜、坐禅のまま夜明けになってしまいました。その時です。遠くのお寺から暁天の鐘の音が聞こえると、それが耳の側で大鐘を撞いたかのように全身を揺り動かしました。途端に白隠さんは今まで味わったことのない大歓喜を得たのです。「わっはっはっは。（首を切られた）巌頭和尚はまめ息災《そくさい》じゃったわい」と欣喜雀躍《きんきじゃくやく》、手の舞い脚の踏むところを知らずという心境なのですが、誰もこの歓びを分かる人はいないようなのです。

「三百年来、こんなに痛快に悟った人があるだろうか、いまの世に、自分に対等の力をもつ人がいるのだろうか」と思うと、たしかに「天下、知音《ちいん》稀なり」ということばが本当のように思われるのでした。

折もおり、そういう白隠さんの前に、一人の眼のきらりと光る男が現れたのです。その男のもつ禅機には他の人にないものがあることを知った白隠さんは、宗格（宗覚とも）というこの男が、飯山（長野県）正受庵《しょうじゅあん》の小僧で、その師匠は道鏡《どうきょう》慧端《えたん》という手荒い禅僧であることを知り、この人の案内で直ちに飯山に向かったのです。

宗格の足どり遅しと、はやる心で正受庵に到着すると、正受老人と呼ばれるその毒牙の人は、いま山に入って柴を刈っておられる最中でしたが、宗格の紹介で白隠さんを見ると、いっぺんにその自信に満ちた自惚れ根性を見抜いてしまわれたようでした。老人に「先に寺に帰っておるがよい」といわれて白隠さんは少々苛立《いらだ》って、老人が帰ってくるとすぐに入室《にっしつ》して一挨一拶《いちあいいっさつ》の問答を申し込むのでした。

全身に慢心を溢《みなぎ》らせて老人の室《しつ》に入り、自分の心境を頌《うた》った詩を老人に差し出すと、それを左の掌《て》で握りつぶした老人が、「こんなものは頭の先で考えた猪口才《ちょこざい》じゃ、お前が毛穴から得たものを出せ」と右手を出された。白隠さんはすかさず、「そんなものがあるんなら吐き出したいものよ」といってゲーゲーと嘔吐の様子をします。老人が「趙州《じょうしゅう》の無をどう見たか」と形式的な質問をされる。「趙州の無といって、手のつけられるものじゃない」と答えると、途端に老人の手が延びて白隠さんの鼻柱をひねりあげ、「ちゃんと手がつけられるじゃないか」といわれた。白隠さんは冷汗三斗で意気を失い、悟りの自信が雲散霧消してしまった思いでいると、頭の上から、「この穴ぐら禅坊主!」と一喝が降って来たのです。

それからというもの老人は白隠の顔さえ見れば、「この穴ぐら禅坊主」としかいってくれない。参禅をすると、「まるで楼上から井戸の底を眺めとるようじゃ」と批判され、時には数十回も平手打ちを加えられ、縁先から地面へ蹴落とされ、気を失ってしまうのでした。気がつくとまた縁の上から「この穴ぐら禅坊主め！」の声が響いてくるばかりでした。

そういうある日のことです。白隠さんが道友たちと村へ托鉢《たくはつ》（乞食《こつじき》）に出たとき、一軒の家の戸口に立って喜捨を乞うと、中から「お断り」と老婆の声。白隠さんは日夜の坐禅で茫然となっていたのでそれが耳に入らないのか、そのまま佇立《ちょりつ》していると、「お断りが聞こえんか」といきなり竹箒《たけぼうき》で殴打され、その拍子に地面に横転してしまった。その途端でした。いままで手も脚も出なかった正受老人の難問の答えがいっぺんに解けてしまったのです。大喜びで正受庵に帰ってくると、まだ山門を跨《また》いでもいない先にもう老人がこれを看破して「慧鶴、ついに徹底したのう」と喜んでくれるのでした。

『白隠和尚年譜』に伝えるこの大悟の話は、前の高田英巌寺における遠寺の鐘声の一件とともに、大白隠誕生のエピソードとして人口に膾炙《かいしゃ》したものであります。白隠さんは、このようにして、長年に亘る求道遍歴のすえ、ついにその初願を遂《と》げ、遠く、大応国師南浦紹明《なんぽじょうみょう》―大灯国師宗峰妙超《しゅうほうみょうちょう》―無相大師関山慧玄《かんざんえげん》にはじまる、いわゆる「応灯関の一流」といわれる日本臨済禅の法をしかと自己の掌を見るが如くに手中に収めたのであります。

白隠さんはこうして大悟徹底されたわけであり、後に「五百年間出《かんしゅつ》」と自負されたということも、まことにむべなるかなの思いがします。今日、学者のうちには、白隠さんが本当に正受老人によって認められ、その法を嗣いだかどうかに疑いをもつ人もありますが、そういうことは実証主義に立つ人にまかせ、私たちはやはり、『年譜』のこれを記した撰者東嶺和尚の熱い宗教性を読みとっておきたいのです。

じっさい、正受老人は白隠さんに正受庵の後継を頼んだといういきさつや、それでも正受庵を去る白隠さんを、木履をはいて二里も見送られた老人のことなどの記述を見ると、正受老人がいかに白隠を肯っていたかを知るに余りあるものがあります。むしろ、無理にいえば、白隠さんの方で正受老人を超えた趣きが感じられるかも知れません。

白隠さんにとっては、これが正受老人との最後の別れになります。正受庵で一緒に暮したのは百九十四日（陸川堆雲著『考証白隠和尚詳伝』四三頁）という短時日でありました。正受老人はその後十三年も生存しておられたのに、両者の間は勿交渉《もっきょうしょう》であったようですし、老人の死の報せが、すでに正受庵の住持となっていたあの宗格から届いても、正受庵に赴かなかったとか、大恩人の宗格とも以後交渉が途絶えたことなど色々と不思議に思われることもあります。しかし、ともかくも、正受老人のもとで大白隠の誕生が実現したことは間違いのないことでありましょう。このようにして白隠さんは真っすぐに故郷原の松蔭寺に帰ってきます。そして、さらに悟後の修行に励まれたのであります。特に三十一歳から三十二歳にかけての岩滝山庵居の生活は、白隠さんの大悟の練り直しともいうべきものであり、魔境との悪戦苦闘、日々半掌の米をもって足れりとされたとあります。

ここで白隠さんの大悟について、もう一つのできごとをつけ加えておかねばなりません。それは白隠さんが四十二歳の七月のある夜のことです。白隠さんは、すでに松蔭寺に住し、多くの雲水を指導していました。すでにその名は天下に響いていました。お盆供養のために『法華経』を誦《よ》んでいた白隠さんは、「譬喩品《ひゆぼん》」のところまで読み進んだとき、雨だれ石のところできりぎりす（こおろぎの古称）の鳴く声を聞いて豁然大悟《かつねんたいご》し『法華経』の深理を徹見されたというのです。大白隠にしてなおまだ悟りの可能性が残されていたことは、われわれに一層の親しさを与えてくれるではありませんか。人間というものがそんなに簡単に一枚悟りで片が付くものではないということのようです。かの妙喜のいわゆる「大悟十八遍、小悟その数を知らず」というのが、迷いの存在としての人間にはむしろ自然のようであります。

六　大病

白隠さんは松蔭寺に帰ってからも決して修行を止められたのではありません。遠近の寺に禅録の提唱があると道友と連れだって出かけ、坐禅と聴講に専念されたのです。この頃の白隠さんにとって、問題は自分の得た悟りの醍醐味を他の人々にどう分かちあえるかという菩薩の大慈悲行、つまり利他行の実践についての究明であります。その頃の様子を『年譜』二十五歳の条にこう書いています。訳してみましょう。

師（白隠）は私《ひそ》かに自分の日常生活を反省してみられた。するとそれは決して筋の通ったものではなく、起居進退もさらりとしたものといえない。とはいえ、修行によって得たものは一応はっきりとしているのである。ただ、日常それがどう生かされているかという点において、思うようにするにはまだまだ無力である。坐禅をしているときには、うまく心も落ちつくのだが、にぎやかなところに出るともう心がさわぐのだ。……これでは悟りを開いたといっても名ばかりで実が伴なっていない。……要するに、こうなるのは、自分が悟りの点で徹底したといっても、命根《みようこん》を絶ちきるような大死一番ができていないし、定力《じようりき》（坐禅から出る力）もまだまだ純熟していない。だから頭で分かったことと行動とが一致しないのだと、そういうように反省されたのである。そこでふたたび死牛に鞭打ち、歯を喰いしばり、眼をかっと開いて、日常の生活においては動中の工夫をこらし、坐禅中にあっては坐禅三昧を行じ、ほとんど寝食を忘れるばかりであった。

白隠さんのそういう不惜身命《ふしやくしんみよう》の無理はついに病となってあらわれたのです。二十六歳のとき、「心火逆上し、肺金焦枯して、国手《こくしゆ》（医者）も手を拱《こまね》く」という有様となってしまったのです。『年譜』には「十二の凶相」が現れたといいます。すなわち、「一には頭脳暖にして火の如し。二には腰脚冷やかにして氷の如し。三には両眼常に涙を帯《お》ぶ。四には双耳交《こも》ごも声を作《な》す。五には陽に向かえば自然に怖れを生じ、六には陰に向かえば覚えず憂いを生ず。七には思想を労し、八には悪夢に疲る。九には睡《ねむ》るときは則ち精を漏らし、十には痞《さ》むるときは則ち気耗す。十一には食消化せず。十二には衣に暖気無し」というような症状です。こうなっては白隠さんは世に処する思いもなく、人に対する念も無く、まるで廃人のようになってしまわれたというのです。

こうして、人のすすめによって、洛東（京都の東）白河に住む白幽真人《はくゆうしんにん》という仙人を訪ねるのですが、計らずも仙人によって「内観の法」および「輭酥《なんそ》の法」の口訣秘伝を受けると松蔭寺に帰ってこれを実践され、ついに病は脳天を突き破り、まるで鵯《ひよどり》の天に飛び立つように病は空中にかけ抜けてしまったというのであります。内観の法や輭酥の法については次章で述べようと思いますが、白隠さんは、このように自分で病の体験とそれからの脱出の前歴を持っておられるだけに、病中の人に対してはもちろんのこと、健康なものにも、つねに「独り按摩」などの技術を教えて健康管理をすすめられたのであります。その親切な病気退治の法は白隠さんが七十七歳のときに書かれた『夜船閑話《やせんかんな》』一巻に詳しく述べられてありますし、この書は今日もなお病退治の指南書として病床にある人によって愛読されているのであります。

病から起つと、白隠さんはふたたび刻苦精励の独接心を続けられました。そういう修行ぶりは『年譜』二十七歳から七、八年の間続きますが、三十三歳に至って、ついに松蔭寺に入山されたのであります。

三十四歳の冬十一月、白隠さんは京都にある大本山妙心寺に登って松蔭寺住持となるための儀式を挙行し、はじめて道号を「白隠」と名乗ったのでありますが、その名の由来については、富士のお山が常に雪に隠れて白いからである（『近世禅林言行録』の説）とか、日蓮が『撰時抄』で末法の世を嘆いて「白法隠没《びゃくほういんもつ》」と呼んだことに由来する（柳田聖山説）とかいわれています。

ともあれ、この年を境として、白隠さんの宗教家としての大活躍は始まります。翌年の春に二人の雲水（修行者）が松蔭寺を訪ねますと、白隠さんは『五家正宗賛《ごけしょうじゅうさん》』という禅録の講義をされたのですが、これが今日の提唱の初めであるといわれます。それ以後天文元年（五十二歳）までの十八年間、白隠さんはこの松蔭寺に蟄居《ちっきょ》して全国各地から集まってくる雲衲《うんのう》たちの指導に専念されたのであります。松蔭寺に入寺して三年目にはもう二十人の禅客が共住していたので、毎日の生活の糧もなく、貧困を極めたようです。享保八年（三十九歳）の条には、食べるものもなく、商家の捨てた腐敗して虫の泳いでいる醬油を吸っていたことが記されております。

さて、長々と白隠さんの前半生を紹介してきましたが、『年譜』によると、前述四十二歳のこおろぎの声によっての大悟までを「因行格」とし、それ以後八十四歳までの四十二年間を「果行格」というように白隠さんの全生涯を折半していますので、一応この辺りで第一章の区切りとすることにします。そして、白隠さんの説法については、次章で味わっていくことにしましょう。

第二章　白隠のことばと心

第一節　菩薩の利他行

一　禅者白隠の生き方

第一章で見ましたように白隠さんの八十四年の生涯は四十二歳を境として、修行期（因行《いんぎょう》格《かく》）と伝道期（果行格《かぎょうかく》）に分けられるわけです。人生がこのようにはっきりと二分されていることは、まことに不思議なことというべきであります。

そういえば今から二十年前（一九六八年十二月十日）バンコックのホテルで扇風機に感電したかの偉大なる現代キリスト教修道会の指導者トーマス・マートン神父の人生も白隠さんと同様、人生を不思議に二分したのが思い出されます。マートンという人は、二十七歳までニューヨークを舞台に共産主義者として反戦活動を続けていたのですが、第二次世界大戦の開戦二日後の一九四一年十二月十日、世俗生活に訣別して、ケンタッキー州のゲッツェマニ修道院に入って終生誓願を立てたのです。これが彼の二十七歳の時であり、そしてそれより二十七年後タイにおける修道院長会議に出席していた彼は、同じ十二月十日に不慮の事故によって昇天したのであります。まことに洋の東西と古今を問わず、宗教的天才ともいうべき人の生涯には非凡なるものがあることを認めざるをえないのであります。

さて、前章でわれわれは白隠さんの血のしたたるような不惜身命《ふしゃくしんみょう》の精進修行のあとを追ったわけですが、それはこれから学ぼうとする白隠さんのことばの吐き出される根源をなすものでありました。本章からみれば、前章はその序章というべきものに当たるでしょう。白隠さんのことばに親しもうとする者は、決してその吐かれたことばの字づらだけを追うことに満足してはならないのであります。それらのことばが白隠さんのどういう自己体験に基づいているかをよく承知していなくてはならないのであります。そうしてこそ、白隠さんのことばも単に体験の吐露ではなく、われわれにも、同様に追体験の途を開いてくれることになるからであります。そうしてこそ白隠さんの老婆親切が本当に現代のわれわれの手元にまで届くものとなるのです。人間白隠の暖皮肉《だんぴにく》、平易にいえば暖かい人間味にふれたのちに、そのことばを聞くのでなければ、ことばは抽象に過ぎ、空しく耳をかすめるばかりでありましょう。

四十三歳以後の白隠さんは、その後半生の殆んどを故郷原の松蔭寺で過ごしております。彼は当時の臨済宗教団の一つのメッカであった京都の大本山妙心寺にさえ、ただ一度しか上っていません。『年譜』六十七歳の条に、彼が備前岡山からの帰路、妙心寺の塔頭《たっちゅう》である養源院（松蔭寺の宿坊）で『碧巌録《へきがんろく》』の講義（提唱）をしたのがそれです。

白隠さんは徹底して在野の人であったようであり、生涯黒衣で通されたのであります。これはいうなれば雪深き飯山の里に生涯を埋めたあの正受老人の薫陶といってもよいでありましょう。また、父母の地を離れられないという白隠さんの優しさでもあったかもしれません。

白隠さんは松蔭寺に起居して全国から雲集する参学の徒に容赦ない鉗鎚《けんつい》を加えたわけですが、その炉鞴《ろばい》に投じた修行者の数がいかほどであったか確定はできないのです。因みに世に白隠門下の俊傑を称して、四天王・二甘露・三頓・五傑・二畸哲・五哲・六客・六法子《ほっし》・八印などといわれるのですが、これらを単純に合計しただけでも四十一人となるのですから、名をなさぬ門人がどれほどにのぼったかはほぼ見当がつくでしょう。

白隠さんがはじめて他山の寺にでかけるまでに松蔭寺で提唱した語録は次の通りであるといわれます。（加藤正俊著『白隠和尚年譜』二一五頁）。

享保三年　三十四歳　破相論　臨済録
四年　三十五歳　五家正宗賛
六年　三十七歳　大慧普覚書《だいえふかくしょ》
七年　三十八歳　原人論
九年　四十歳　博山警語
十四年　四十五歳　観音経普門品
十五年　四十六歳　寒林貽宝《いほう》
十六年　四十七歳　四部録　寒山詩
十七年　四十八歳　臨済録　碧巌録
十八年　四十九歳　禅門宝訓
十九年　五十歳　碧巌録
二十年　五十一歳　虚堂録《きどうろく》　禅門宝訓
元文元年　五十二歳　維摩経《ゆいまぎょう》　碧巌録

元文二年に白隠さんは初めて近隣の林際寺（建長寺派）の請《しょう》に応じて『碧巌録』を講じることになります。集まった雲衲《うんのう》二百余名といい、その参集者が白隠の開講の偈《げ》（詩）に和韻したもの『杖山百韻』に見える参集者の出身地は、北は奥州・羽州（東北地方）から南は九州・四国にまたがっております。白隠さん五十三歳にしてすでにこの有様ですから、八十四歳までの余す三十年間の横説縦説とその参集した会下《えか》の人々への影響の絶大さが偲ばれるわけであります。

白隠さんは専門の出家修行者ばかりを相手にしたのではなく、あちこちの提唱には多くの在家信者が参加していました。徳川幕府がキリシタン禁制の目的で行なった寺檀制度が、宗派を超えて出家と在家の関係を組織的に深めたに違いありませんし、また他方、仏教者の間には、儒者や国学者たちによる排仏論の圧迫の前に、仏教を平易に説いて民衆を教化しようとする護教の念も強かったに違いありません。そういう時代に生きた白隠さんもその点で大いに力を発揮したのであります。

白隠禅の特色を語る人は、必ずその厳しい門人の指導ぶりとともに、書画や仮名法語（仮名文で平易に書いた禅の入門書）を通じての民衆教化《きょうけ》のことを挙げるのが常識であります。今日、われわれのもとに残されている白隠さんの書画は、厖大《ぼうだい》な数量にのぼり、なお日の目を見ぬものが多く蔵されているといわれます。

それらはすべて白隠さんが深く愛した「菩薩の威儀」の端的な実践でもあります。菩薩の威儀とは、おのれのみの救済を求めず、常に他の人々のためにおのれを捧げる精神の謂であり、これを一口に「利他の願行」というわけであります。

白隠さんは、第一章で知るようなその前半生に味わった人生問題解決のための血の出るような仏道修行を回想しつつ、その体験によってこそ輝き出た悟りの光明を一人でも多くの人々に分かち与えようとして死の瞬間まで粉骨砕身の利他行に生涯を捧げたのであります。「刻苦すれば光明は必ず盛大なり」というのが白隠さんの信念であり、「大疑の下に大悟あり」という先哲の誨《おし》えが白隠さんの指針でありました。「勇猛《ゆみょう》の行者は成仏一念に在り、懈怠《けたい》の衆生は涅《ね》槃《はん》三《さん》祇《ぎ》に亘《わた》る」というのが、白隠さんの唱える仏道修行の根本法則でありました。

修行すればいつかは悟りを開いて安心立命《あんじんりゅうみょう》を得ることができるというのが一般的な考え方ですが、白隠さんの場合には、その修行の質が問われるのであります。「勇猛心」とは、いばらの林の中を血みどろになって突進する意気込みであり、危険を避けて安穏に坐禅をして日を過ごしていては永遠に悟ることはできないということであります。問題は修行の量よりも質にあります。密度の高い坐禅ならば成仏（悟りを得る）も一念（一瞬）にして成就されるのです。

白隠さんは静かに坐禅を楽しもうとする流儀を「鬼窟裡《きくつり》の死枯禅《しこぜん》」（穴ぐらの奥に閉じ籠るばかりで世界に出て活躍できない死人の禅）と決めつけ、一日も早く人生の一大事に片をつけて、あとは一日も多く自由で闊達《かったつ》な日暮しをすることこそ、人間として生まれたものの最高の生き方であると教えたのであります。

白隠さんが嫌ったのは禅を無我無心になって静かに坐ることと考える人々であり、彼はそれらを「黙照の邪党」と決めつけ、「近代断無の瞎僧《かつそう》」とののしります。

白隠さんは自分で画いた頂相《ちんそう》（肖像画）の上にみずから次のように賛しています。

千仏場中、千仏の嫌と為り、
群魔隊裡、群魔の憎と為る。
今時《こんじ》黙照の邪党を挫《くじ》き、

近代断無の瞎僧を鏖《みなごろ》しにす。
者般醜悪の破瞎禿《はかつとく》、
醜上醜を添う又一層。

仏の世界に行っては仏たちに嫌われ、悪魔の集まるところへ行っても、総スカンを喰う。なぜそうなるかというと、現実の禅者たちに我慢がならず、片っ端から撫ぜ切るようなことをするからだ。そんな一匹狼のような自分は、さぞ醜い男であるに違いない。だが一層、醜いならその醜さを露骨に画いておくほかはない、といったような意味になりますが、ここには仲々の意気込みと自負が見えるではありませんか。

前章で見たように、白隠さんは生まれつき、身体の脆弱《ぜいじやく》な人であり、三歳になってやっと立ち上がることができたと『年譜』に見えるとおりです。しかし、『年譜』十一歳の条に「天性魁梧《かいご》、穎異《えいい》にして勇悍なり」とあるところを見ると、精神は立派な人であったようです。

宗教家で身体が弱くて精神が強固である人の場合には一種共通の宗教性が培われるらしく、これがいわゆる「痩せたるソクラテス」というものでしょうか。こういう場合は得手して身体が精神の犠牲になりやすいのであります。人生についての無常性とか死後に受けるであろう身の苦しみへの危惧についても身体強健なるものの知りえぬ感覚があるようであります。つまり精神性が豊かなだけ、身体が酷使されることになるわけです。しかしまた白隠さんのように身体強健な人でも、人の命に限りあることに変りはありません。

禅はもともと霊性（精神）の永遠を求める宗教ではありません。それは達磨によって創められた当初より、有限身体に関する問題の解決を求めております。心の不安を解決しようとして心の所在を求めても、心はどこにも捉えることができない。しかしそう分かるとき心の不安は解消すると達磨は教えたのであります。ここでは問題の焦点が身体のことに向けかえられています。

三分の光陰、二早く過ぐ
霊台一点も揩磨《かいま》せず
生を貪り日を逐《お》うて区々として去る
喚《よ》べども頭《こうべ》を回《めぐ》らさず争奈何《いかん》せん

（雪竇《せっちょう》『祖英集』）

右の詩にも、明らかに時間的存在である人間の生の疾《はや》さと、それに気づいて身体（霊台）の建て直しをしようとさえしないものへの憤慨がいわれております。

人生の短さの自覚はそのまま自己が死への存在であることの自覚でありますが、これこそ禅者たちの修行の門への出発点でありました。死後に永遠の世界のあることを信じる人にとって宗教的課題の解決は死の瞬間に解決されておればよいのですが、身体を離れた精神というものの存在を信じない禅者にとって、解決は一日も早くなければならない道理であります。右の詩に、「三分の光陰、二早く過ぐ」とあるのがそれで、限りある生涯の三分の二があっという間に過ぎ去ってしまうという実感は禅者独特の宗教的自覚といえましょう。

禅の修行者たちが、今日も、

生死《しょうじ》事大
無常迅速
時、人を待たず

慎んで放逸なる勿《なか》れ

の句を書いた板《はん》（禅堂の前に掛け、これを打って時を告げる板）を打って朝参暮請するゆえんであります。

白隠さんのことばと心を味わおうとするわれわれは、何よりもまず、このような修行の成就の緊急性について知っておかねばならないでありましょう。白隠さんの老婆親切は、いかにして一日も早くわれわれを日常性の眠りから覚めさせ、生死一如の事実に気づかせるかの一点にあることを知っておく必要があるのであります。

それともうひとつ、白隠さんの書簡として残っているもののなかに、病を見舞う内容のものが目立つことであります。白隠さんは病の治癒について一種独自の見解をもっていたように見えます。もともと身体強健であったはずの白隠さん自身が過度の精進修行によって、心気逆上し、生死の境をさ迷うような大病にとりつかれ、医者もこれを見放すほどであったのを、白河の白幽仙人に助けられたのであります。

白隠さんには一般に行なわれている医術に対する不信と、禅定力《ぜんじょうりき》による病克服の信念が深く根づいていたようであります。たしかに白隠さんの年譜には、二十六歳の大病以後七十九歳まで病臥の記録は見えず、逆に門下や縁者が病気であると知ると長文の見舞状を送り、その中で切々と医療の方法を指示しているのであります。われわれはそこに切歯扼腕の猛烈な修行をすすめる白隠さんのイメージとは全く異なって、「後世《ごせ》（浄土）の事も菩提《ぼだい》（悟り）の事も打ち忘れよ」とか、「日頃の法話くるいもお止め成され」とかいって平素の仏道修行までも忘れて療養に専念することをすすめる白隠さんの別の一面を見るのであり、白隠さんの利他行がいわゆる第一義的なものと違って、きわめて日常具体的なものであったのを知ることができます。世間の人々から「白隠さん」と親しまれたのもこの大白隠の暖皮肉から滲み出る彼の人間性に由来したことは間違いありません。

本書第二章は、白隠さんのことばを通して彼の心に近づこうとするわけでありますが、ここにおいて白隠さんの仏道修行のすすめとともに、病める人への医療のすすめを加えたゆえんであります。

なお本書では、白隠さんの本格的な漢文体の語録を避け、あえて白隠さんが一般大衆に対して示した仮名による法語に限定して紹介しようと思っています。さらに深く白隠禅の内奥を究めんとする人には禅の第一義を説く語録も多く残されていますので、ぜひとも照心の友とされるように望みます。因みに白隠さんの著作は、その内容に従って次のように五種に分けることができましょう。（鎌田茂雄著『白隠』〈日本の禅語録・一九〉三四頁参照）

一、自らの伝記・経歴・経験など自分の体験を具体的に書いたもの。『夜船閑話《やせんかんな》』、『壁生草《いつまでぐさ》』など。

二、漢文で記した難解な書で白隠自身の禅体験を伝統的な禅文学を借りて表現したもの。『荊叢毒蘂《けいそうどくずい》』、『槐安国語《かいあんこくご》』、『息耕録開筵普説』、『寒山詩闡提記聞《せんだいきもん》』、『寒林貽宝《いほう》』。

三、白隠が創造した「隻手《せきしゅ》の公案」や、禅と念仏との相違など、白隠禅の特色を仮名まじり文で、在家の人のために書いたもの。『薮柑子《やぶこうじ》』、『遠羅天釜《おらてがま》』。

四、一般庶民に禅を分かりやすく、しかも面白く説いた仮名法語。『おたふく女郎粉引歌《じょろうこなひきうた》』、『安心法興利多多記《あんじんぼこりたたき》』『大道ちょぼくれ』、『見性 成 仏丸方書《けんしょうじょうぶつがんほうがき》』、『善悪種蒔 鏡《ぜんまくたねまきかがみ》』など。

五、観音信仰を人々にすすめるもの。『八重葎《やえむぐら》』、『延命十句観音経霊験記』。

なおこれらの他に『白隠和尚全集』には「宝鑑貽照」、「隻手音声《せきしゆおんじよう》」、「仮名因縁法語」、「宝鏡窟之記」、「於仁安佐美《おにあざみ》」、「辺鄙以知吾《へびいちご》」、「さし藻草《もぐさ》」、「兎専使稿」、「福来進女《ふくらすずめ》」、「壁訴訟」、「施行歌」、「主心お婆婆粉引歌」、「子守唄」、「草取唄」、「坐禅和讃」、「孝道和讃」、「寝惚之眼覚《ねぼけのめざまし》」、「毒爪牙《どくそうが》」、「四智弁」、「藻塩集」などが収められていますが、これらを見ても分かるように、白隠さんの教化に対する熱意と、その精力ぶりが窺われるのであります。以下各所からの引用によって、白隠さんの心にふれてみることにしましょう。

二　菩薩の威儀ということ――『八重葎』巻之一――

人生の一大事に撞着《どうちやく》したものが、身命を賭してその解決のための血みどろの修行をすることは、いずれの宗教においても共通して見られる姿であります。修行あるいは修道ということの厳しさや苦しさは、禅僧たちだけの独占物ではなくて、たとえば荒野や岩窟に独居して神に祈りつづけた中世キリスト教の修道士の場合も例外ではありません。

仏教においても、仏陀その人の六年間の苦行ぶりは、筆舌しがたいものがあったことを伝えております。そしてまた、仏陀の弟子たちもそれぞれ苦悩からの解脱を求めて精進したのであります。

ところが仏陀の弟子たちの修行のあり方というか、その基本精神に対して後に批判が起こります。その理由は、彼らが一般民衆の生活を離れて森林に入り、自分たちだけの共同体生活(これを僧伽《そうぎゃ》というのですが)を形成し、専ら自己の人生のみに関わっていたからであります。そういう原始仏教教団の修行者たちのことを羅漢《らかん》と呼ぶわけであります。羅漢はサンスクリットの「アラハット」を音訳したものでありますが、それを意訳して「独覚」といわれるように、自分自身の悟りを目指して修行する人のことであります。

そういう仏道修行者のあり方への批判として成立したのが「大乗仏教」であり、大乗とは「多くの人々を乗せて彼の岸に渡る舟」のイメージであります。大乗の人たちは、はじめ在家の人々ばかりであり、自分たちのことを「菩薩」と呼びましたが、やがてその中から出家菩薩が生まれてきたのです。菩薩とはもとは修行されていた時の仏陀のこと、つまり仏陀の位にのぼる前の階位のことであります。この階位は小乗仏教の最高位である声聞乗《しょうもんじょう》・縁覚乗《えんがくじょう》よりもう一つ上の位であって、本来なら普通の修行者には到達できるはずのない高い位ですが、大乗仏教の人々は自分たちを仏陀と同じ位に入る可能性(すべて仏性を持つ点で同じであるという一乗思想）をもつと信じたのです。しかも同時に、迷える一切衆生のために仏位にも入ってしまわないで菩薩の位に留まるという立場で、これが大乗の人々の理想像であります。出家菩薩も在家菩薩も同じ菩薩であり、「上に菩提（悟り）を求め、下に衆生を化《け》（教化済度《きょうけさいど》）す」（「上求《じょうぐ》菩提・下化《げけ》衆生」）という崇高なスローガンを共有しているのであります。

大乗仏教の菩薩は「自利」（自分の救済）と「利他」（他人の救済）を共に志向しているのですが、特に自分よりもまず他人を先に救済するという点が重要です。これを「自未得度先度他」、つまり「自らは未だ度（渡）せざるに、先ず他を度す」というのであります。

人をのみ　渡し渡して己が身は　ついに渡らぬ　渡し守かな

というように、迷いの此岸から悟りの彼岸に向かって舟を漕《こ》ぐ船頭こそが、菩薩の象徴であると教えられているのです。

禅宗はそういう大乗仏教の流れを汲むものでありますから、自己の解脱のために苦しい坐禅の修行をしていても、その基本には一切衆生のために坐禅をするという「菩薩の理念」がなくてはならないわけです。どうかすると苦しい修行だけに、自分ひとりの救済を求めやすいのです。白隠さんはこの点について最も批判的であった方であります。

白隠さんは常に「菩薩の威儀」ということを申されております。まず、『八重葎《やえむぐら》』という法語集から、その部分を書き写してみることにします。

帰命《きみょう》し、尊重《そんじゅう》し、信受し、奉行《ぶぎょう》すべきは、無上菩提の大道、仏国土の因縁、菩薩の威儀是れなり。若《も》し人、菩薩の威儀を修習せんとならば、先づすべからく四弘《しぐ》の誓願輪、衆生《しゅじょう》無辺誓願度《むへんせいがんど》、煩悩無尽誓願断《ぼんのうむじんせいがんだん》、法門無量誓願学《ほうもんむりょうせいがんがく》、仏道無上誓願成《ぶつどうむじょうせいがんじょう》、是《こ》れを四弘の誓願輪と云う。若《も》し人、無上の仏道を成就せんと欲せば、先づすべからく誓って一切衆生を利済すべし。若し夫《そ》れ衆生を利済せんとならば、勇猛《ゆみょう》の精進力を憤起し、刻苦精錬して、一回見《けん》性《しょう》、掌上を見るが如くすべし。若し人、見性掌上を見るが如くなることを得んとならば、励み勤めて急に須《すべか》らく隻手《せきしゅ》の無《む》生音《しょうおん》を聞くべし。隻手を聞き得て徹底なることを得ば、捨て去って一切の音声《おんじょう》を止めよ。而後《じご》精《くわ》しく諸経論を採り、広く諸史百家の書を究めて、徧《あまね》く大法財を集め、常に勤めて大法施を行ずべし。是《これ》を菩薩の威儀と云う。法施を行ずるに制禁有り、毫釐《ごうり》も勝他の心を交え、利名《りみょう》を貪《むさぼ》る心《しん》有らば、是れを不浄説法と云う。不浄説法、地獄に堕す。唯《た》だ願わくは一切衆生を見ること、一子《いっし》の如く、老幼尊鄙《そんぴ》を択《えら》ばず、緇素男女《しそなんにょ》を観ぜず、志《こころざし》を定め力を合せて、教諭して、塵劫《じんごう》を渉《わた》って退転せず、無縁の大慈悲を抽《ぬき》んで、一切衆生と共に無上菩提を成《じょう》ぜんとす。是れを仏国土の因縁《いんねん》と云う。問う、作麼生《そもさん》か仏国土の因縁。答えて曰く、一切衆生の類い、尽く是れ仏国土の因縁なり。原《たづぬ》るに夫《そ》れ諸仏刹土《せつど》は虚空《こくう》の如し。金銀を鏤《ちりば》めたる飛楼湧殿《ひろうゆうでん》の経営荘厳全く無し。須らく知るべし、諸仏の刹土は、菩薩を以って荘厳とすることを。山林広野、樹下石上、何れの処にもせよ、仏端坐して説法させ玉う時、無量の円頓大権《えんとんだいごん》の諸菩薩衆、前後に圍繞《いぎょう》して大法会《ほうえ》を補佐し玉う。是れ即ち微妙《みみょう》の大荘厳なり。問う、其の大菩薩衆は何れの浄土より来儀《らいぎ》し出現させ玉うや。否《いな》とよ、一人も佗方《たほう》の仏の浄土より来儀させ玉うにしあらず。尽く是れ菩薩初発心《しょほっしん》地《じ》の時より一切衆生を見させ玉うこと一子の如く憐愍《れんびん》せさせ玉い、昼夜に提携教諭し玉いて、諸共に仏道を励み求めさせ玉う。是の故に云う、菩薩は上《かみ》、菩提を求め玉うが故に、常に衆生を教化《きょうけ》し玉うとは、是れ此の謂なり。能化《のうけ》の菩薩、所化《しょけ》の衆生、相《あ》い共に信心《しんじん》の功果《こうか》現前して、今《い》ま円頓大権の菩薩衆とあらわれ玉う。皆な是れ従上《じゅうじょう》所化の一切衆生の類いなり。熟《つら》々顧《おも》うに、仮初《かりそめ》にも人に善因を教え誘引して善行を進修せしむ、是れ菩薩利佗《りた》の大善行なり。三界秘密の大法秘法を行じ尽さんより、是れに過ぎたる善事は是れ有るべからず。

右の一文を現代語に訳してみると次のようになるでしょう。

心から従い、信じ実践すべきものは、悟りへの道であり、仏の国に生まれる原因であるところの「菩薩の威儀」でなくてはならない。そこでもし人がこの菩薩の威儀を修習しようとするならば、四弘の誓願を起こさなくてはならない。四弘の誓願輪とは、一、迷える衆生は無辺であるが誓ってかれらを済度してしまう。二、自分の煩悩は無尽であるが誓って断滅してしまう。三、仏の教えは無量であるが誓って学び尽くしてしまう。四、仏の道は無上であるが誓って成就してしまうという四つの誓いである。もし人が仏の道を成就しようと思うならば、何はさておき、一切の迷える衆生を救おうという誓願がなくてはならない。反対に、衆生を救おうと思うならば勇猛なる精進力を起こして、苦しい修行をし、一度は自分の掌《てのひら》を見るようにはっきりと真実の自己を徹見しなければならない。そういう明瞭な自己の発見をするためには、精を出して「隻手」の音なき音を聞くがよい。「隻手の音声」を徹底して聞くことができたならば、平素聞いているような迷いの音とは一切の縁を切るがよい。その後は、いろいろの経典《きょうてん》や語《ご》録《ろく》を手にし、広範囲にわたって諸子百家の書物を勉強し、それを材料として人々に法の道を説かねばならない。こういうことの実践を「菩薩の威儀」というのである。

他の人のために法を施す（法施をする）に当たっての禁制《きんぜい》というものがある。ほんの僅《わず》かでも、他の人より勝れていると思う心があったり、利益や名誉を得ようとする心があったならば、それは不浄説法と呼ぶべきものだ。不浄説法は地獄に堕ちる。それで願わしいことはただ一つ。一切の衆生をわが一人子のように思い、老若尊卑の区別なく、僧俗男女に関係なく、志を立て力を合わせて、彼らを教導し、無量の歳月を通じて決して退歩することなく、縁のなきものをも救わんとする大慈悲を起こして一切の衆生と共に無上の悟りを得ようとすることである。これを「仏国土の因縁」というのである。どういうものがいったい「仏国土の因縁（仏の国を建設する要因）」かと問われるならば、一切の迷える衆生こそが、すべて仏国土建設の材料である。もともと、諸仏の住んでおられる国土は虚空のようなものであり、金銀をちりばめたような楼殿や荘厳など何もないのである。諸仏の国土においては菩薩たちそのものが荘厳（飾り）であることを知らなくてはならない。いにしえ仏陀が説法されるとき、山林広野、樹下石上、どんな場所であっても、無数の悟りを得た菩薩たちが仏陀を囲《かこ》んで、仏陀を補佐された。これこそが「最もすばらしい大荘厳」にほかならないのだ。ではそれらの菩薩たちは、どこの浄土から来られたのかと問うならば、否、それらの菩薩たちは一人として他の浄土から来たものではない。かれらはその修行を始めたその最初の時から、一切衆生を憐れんでわが子を見るように諭されつつ、自分たちも一緒に仏道に励んできた人たちである。だからいうのだ。菩薩は上に菩提（悟り）を求められるからこそ、常に衆生を教化されるというのはこの意味なのだ。教化する菩薩も、教えを受ける衆生も、その功の結果があらわれて、円頓大権《えんとんだいごん》の菩薩衆としてあらわれたのである。これらの菩薩衆もみなもとは教化を受けた衆生であったのだ。よくよく考えてみるに、かりそめにも他の人に対して菩薩となるべき善き因縁を与えて誘いよせ、少しでも善きことを進んで行なうようにさせることこそ最も善き菩薩の利他行なのである。この迷いの世に行なわれているどんな秘密の加持祈禱の行法を全うしたとしても、この菩薩の利他行に過ぎる善行というものは絶対にありえないのだ。

おおよそ右のように訳すことができると思います。白隠さんは生涯この菩薩行に徹せられたのであります。たしかにその悟りを求めての努力については血の出るような苦しみを味あわれたことは、すでに第一章で見た通りであります。そしてまた白隠さんを慕って集まってきた門下の学人たちに対しても「刻苦すれば光明必ず盛大なり」と諭し、「勇猛精進」すべきことを教えられたのであります。この点については第二章の第三節において詳しく見ることにします。

そういう修行における向上の一面に対して、白隠さんほど一般民衆のための教化に努力された方もないといえましょう。その後半生は全く菩薩の利他行に徹せられたといってよいと思います。その点については第四節において考えてみたいと思います。

三　観世音菩薩の救い――『八重葎』巻之二――

白隠さんは幼少の頃より母の導きによって『法華経』に親しみ、また四十二歳のときにこおろぎの鳴く声を聞いて大悟徹底、『法華経』の深理を会得《えとく》されたということは、すでに第一章で見たところですが、その『法華経』の第二十五（章）「観音普門品《ふもんぼん》」を特に信奉されたことは、今日数多く残されている遺墨のなかに特に観世音菩薩に関するものが多いのを見ても明らかであります。慈母観音こそ白隠さんにとって母の像と重なるものであったでしょうし、また菩薩の姿として最も理想的なものであったことは疑いないところであります。観音菩薩に対する白隠さんの信仰心は厚く、観音信仰にまつわる霊験談も、各所で語られております。それらは、神仏に対する信仰を失いながら、別の次元で霊能に興味を持つ現代のオカルトの流行に比べると、はるかに重厚で、甚深なる内容をもつものでありましょう。ここに白隠さんの「延命十句観音経」霊験談を引用しておきましょう。

如上逐一《にょじょうちくいつ》枚挙するに所の限りも無き十《じっ》句《く》経《きょう》の霊験、正眼《しょうげん》に看来《みきた》れば唯是《ただこれ》世間住相、有為夢幻、空華の談論、取るに足らず、茲《ここ》に一段、真正最妙最玄最第一なる底《てい》の大霊験有り。蓋《けだ》し試みに是を論ぜん。若《も》し夫《そ》れ真正大勇猛精進力を具する底の大丈夫児有って、謹んで如法に一夜此経を誦持せば、未だ天明に到らざるに、必定決定《ひつじょうけつじょう》大霊験有って立所に円解《えんげ》煥発し、大解脱《げだつ》大歓喜大安楽を得ん。如何《いかん》が是れ如法の読誦とならば、是れ真正秘訣の大妙義なり。老僧二三十年来、老幼男女を択《えら》ばず、此の大事を以って指南し来るに、十が八九は大利益《りやく》を得ずと云うことなし。今日に到って力を得る者何十人と云う数を知らず。若し人、如法に此経を真誦せんと欲せば、一日竊《ひそ》かに斎戒沐浴し、一室を鎖《とざ》し、厚く坐物を布《し》き、端然正坐して脊梁骨《せりょうこつ》を竪起《じゅき》し、真実に口には此の十句経を念誦し、心上には謹んで念頃《(ママ)》に観察せよ。

大凡《おおよ》そ一切の人、形骸には男女《なんにょ》有り、老幼僧俗有り、我が此の臍輪《せいりん》気海丹田の間は、男にあらず女に非ず、唯一片空蕩々地にして万仭《ばんじん》の黒暗深坑が如し。是を八識頼耶《はっしきらや》の無分別識と云う。此は是れ、今時《こんじ》諸方黙照枯坐の邪党、自己真正本来の面目とし、本元辰下落《ほんげんしんげらく》の処とし、大悟発明の宝処とする底《てい》の大悪処なり。往々にして此処を信受し抱住して放たず。心上は四面暗昏々地、生身《しょうじん》より常に黒暗地獄の中に堕在して、死後には永く黒縄深坑の中に繋下《けいげ》せらる。恐れても恐るべきは邪師の邪教なり。此処において、片時《へんじ》も住在せず、はげみ進んで退かざる則《とき》は、万里の層氷裡に在《あ》るが如く、瑠璃瓶裡《るりびんり》に在るが如し。進むこと得ず、退くこと得ず、伎《ぎ》尽き、言きわまって、理も又た窮まる底の大難処。此に到って毫釐《ごうり》も屈せず、口には専ら十句経を念誦し、心上は常に丹田気海の宝処に向かって、単々に参窮して退かざる則《とき》は、忽然《こつねん》として玉楼を推倒するが如く氷盤を擲摧《てきさい》するに似て、八識頼耶の含蔵識を粉砕し、塵沙無明《じんしゃむみょう》の雑毒海を踏飜《とうほん》し、阿字不生《ふしょう》、六十恒河沙倶低那由多由旬《ろくじゅうごうがしゃくていなゆたゆじゅん》の大日輪を転じて塵沙無明の大本根を抜却し、十方虚空なく、大地寸土なし。三千大千世界を見ること、掌中の庵摩羅果《あんもらか》を見るが如し。長河を攪《かく》して蘇酪《そらく》とし、荆棘《けいきょく》を変じて旃檀林《せんだんりん》と成《な》す。茲《ここ》において足れりとせず、口には誓って常に十句経を念誦し、心上は専《もっぱ》ら正念《しょうねん》工夫相続を第一とし、単々に進んで退かざる則《とき》は、いつしか万里の玄関鎖を透過し、百千里の荆棘叢を抜却し、明暗双々、高閑無為、此処に到って以って足れりとして凝坐《ちざ》して進まざる則《とき》は、旧に依って棺木裡《かんぼくり》に瞳眼《どうがん》す。是れを鬼家の活計と云う。是れ彼の機位を離れざれば、毒海《どっかい》に堕在する者也。覚えず彼の二乗小果の縁覚乗に堕す。此において足れりとせず、四弘の誓願輪に鞭《むち》ち、口には常に十句経を念誦し、心上は竊《ひそ》かに普《あまね》く内典外典《げ》を探って普く無量の大法財を集め、弘く大法施《ほっせ》を行じ、普く一切衆生を利益し、仏祖の深恩を報答し、十方無量の含識とともに仏道を成就し、同じく無上正等正覚を唱えん。虚空は尽くること有りとも、我が願は尽くることなけん。是れを仏国土の因縁、菩薩の威儀と云う。此れは西天の四七、東土の二三、的々相承し、心伝秘授の一大事義《いちだいじぎ》、初発心時より便成正覚の暁《あかつき》に到る迄、少しも怠惰すべからざる底の正修なり。

『八重葎《やえむぐら》』巻之二は、副題が「附《つ》けたり延命十句経霊験記」となっているように、いくつかの「延命十句観音経」霊験談が書き連ねてあります。それらを読み進むと、よくもまあこれだけの奇譚を集めたものと驚き、禅者としての白隠さんに似合わぬ何か神がかりのようなものさえ感じざるをえないのであります。それこそ、『荊叢毒蘂《けいそうどくずい》』とか『槐安国語《かいあん》』といったような一連の本格的漢文体の語録を残している白隠さんなればこそ、よくもこれだけ平易に分かりやすく、勧善懲悪的な説法まで含めた法語を残されたものと頭をかしげたくなるばかりの第二義第三義に降《くだ》っての法語であります。しかも語って語って語り尽くすという趣きがあり、親切をきわめた長文の法語であります。右に引用した部分は、その最後の総括的部分であります。

これを読んで分かるように、白隠さんは坐禅するとき、この「延命十句観音経」というわずか四十二文字から成る短い経文《きょうもん》(「観世音。南無仏。与仏有因。与仏有縁。仏法僧縁。常楽我浄。朝念観世音。暮念観世音。念念従心起。念念不離心。」)を唱えることを助けとして猛烈に自己追求を続け、ついに大解脱に達するというのであり、そこに観音経の一大霊験を感じとっておられるわけであります。では本文の大意を述べてみましょう。

いままで色々な霊験談を挙げてきたが、禅の本来から見れば、それらは皆な俗世間の夢物語ばかりである。ここにそれらとは本質的に異なる真正最妙最玄最第一の霊験があるから、それを語ろう。

もし大勇猛精進して修行する人が、一夜この「延命十句経」を如法に（正しく）誦《とな》えるならば、夜が明けるまでに必ず大霊験によって自己を徹見し、大歓喜大安楽を得ることは間違いない。この如法読誦の方法は真正《しんしょう》秘密《ひみつ》の法であるが、私はこの二三十年来、老若男女を択ばず指南し、十中八九は大成功であった。現在、この方法で力を得たものは何十人どころではない。

その方法は、まず秘《ひそ》かに斎戒沐浴し、一室に籠り、厚く座蒲団を敷いて正身端坐し、口にこの十句経を念誦し、心の中では次のことを観察せよ。

凡《およ》そ人間には形の上で老若男女などの違いがあるが、自分の臍輪《せいりん》・気海・丹田は男女の区別など無く、一つの空なる黒暗深坑である。仏教ではここを「第八阿頼耶識」の無分別識といい、これこそ真実の自己の所在と考える人もいるが、そんなところは地獄でしかないのだ。そんなところに留らずにどんどん突き進むと、やがて万里立方の氷に閉じこめられたようになって、身動きできなくなってしまう。それでも屈することなく口に十句経を唱え、心では気海丹田に向かって参究を続けると、忽然《こつねん》として楼閣が崩れ倒れるように、また氷盤を擲摧《てきさい》したように、八識頼耶が粉砕され、永遠の過去から積もっていた無明《むみょう》（迷い）が破れ、大日輪の光によって世界が照らし出される。

それでも満足せず、口に十句経を唱えつづけ、心には正念工夫を相続すれば、万里の関を透過し、百千里の荊棘叢を突破して、高閑無為な境地に出ることができる。ここで安心しては鬼家の活計（穴ぐらで様子をうかがう鬼のようなもの）になってしまうし、小乗仏教に堕ちてしまう。ここで四弘の誓願に鞭うって、口に十句経を念誦し、心には内典外典の法財を集めて、一切衆生のために利益せんことを願う。これこそ菩薩の威儀、仏国土の因縁というべきものである。そしてこれこそインドから中国にかけての祖師たちが伝えた以心伝心の秘義であり、修行の出発から悟りに至るまで、決して怠ることの許されない正しい行法なのである。

自力といわれる禅宗の第一人者白隠さんにしてはいささか意外な坐禅の法に見えますが、自己の体究錬磨が必ず利他の行でなくてはならないこと、自己の安楽地に安住してはならないことを菩薩行の眼目とする大乗仏教の立場からして、この大慈大悲の観世音菩薩の姿を見つめつづけることは、極めて重要なことであります。観音の力を念ずることは、自己の救済をたのむことではなく、自己の修行が自己のためではなく、一切衆生の救済のためであることの反復確認のためであることは、自己の幸福のみを追求して止まぬ現代のわれわれにとってもけだし重大な実践項目でありましょう。

第二節　坐禅のすすめ――「坐禅和讃」――

禅は坐禅と悟りの宗教であります。坐禅の実践なくして禅を語ることは「口頭禅」であります。「参禅は須らく実参なるべし、悟りは須らく実悟なるべし」といわれるときの「実」こそは、体究錬磨《たいきゅうれんま》によって滲《にじ》み出てくる赤銅色の光でありますし、いわゆる禅定力《ぜんじょうりき》といわれるものも実参実究のところにおのずと備わる力であって、外より付加されるものではないはずです。起き上り小法師が何度倒れても起き上るのは、力が内にあるからであり、外から力を与えられて立っている独楽《こま》は、やがてふらふらとなって倒れてしまうゆえんであります。

坐禅――。この簡明にして直截《ちょくさい》な人間の姿の持つ意味には測り知れないものがあります。それゆえにこそ数千年の昔からわれわれの時代に至るまで、自己の実人生を求めようとする人々によって実践されつづけてきているのでありましょう。紀元前二千年の頃、インダス河のほとりに栄えたインド古代都市の遺跡から、古代の印章が発掘され、その印図に人の坐っている姿があるといわれます。左の肩に衣を掛け両足を組み、手に印《いん》を結び、眼を半眼にして坐るこの古代インドの人は、いったい何を求めて坐ったのでありましょうか。

一般には、インドのバラモンたちは、生死流転《しょうじるてん》の苦しみを脱して、死後、天に生まれることを期待して、このヨガを行じたとされています。それはいわば一種の現実世界からの逃避であるといえます。白隠さんが「生天《しょうてん》の福は、天を仰いで箭《せん》をいるが如し。勢力つきぬれば、箭却って落つといえり」（『藪柑子《やぶこうじ》』）という如く、死後の解放を願うことは仏陀の強く否定したところであります。仏陀は六年間のヨガ苦行の末、これを批判的に捨てて、みずから新たな道を切り開いたと伝えられます。

仏陀によって始められた菩提樹下《げ》の禅定（坐禅）は、伝統的ヨガからの完全脱皮であったわけであり、それは死後生天を求めるものではなく、現実世界の真相を見抜き、現実世界の中において永遠を獲得しようとするものであり、仏陀はこの願いを身をもって実現したのです。これが仏陀の正覚（悟り）であり、仏教はここに成立の根拠をもつのであります。

このようにして坐禅と悟りが仏陀自身の解放への道であり、その四十五年間の説法は、迷えるものに対する利他行でありました。禅宗はしたがって、説かれた教説に従うのでなく、それが語り出される根源、すなわち仏陀の禅定と正覚へ直参《じきさん》しようとする仏教徒の一派であり、そういう意味で「仏心宗」と呼ばれるのであります。

達磨《だるま》によって坐禅の実践を中心に据える禅宗が始まってから、今日までの間、坐禅の功罪についてのさまざまな議論が起こったわけですが、いまここでそれらについて語る余裕はありません。

ただ、そもそも坐禅は悟るための方法に過ぎないのか、あるいはまた坐禅にはそれ自体固有の意味があるのかとか、さらにまた、悟りにとって坐禅は必ずしも唯一の方法ではないとか、いったい、坐禅とは身体上の型のことか、あるいはそうではなくて精神上の安定のことであるとかいうような事柄が議論の中心であったといえます。

そういう議論は当然わが国へも持ち込まれ、たとえば栄西《ようさい》の戒律禅、道元の黙照禅、盤珪《ばんけい》の不生《ふしょう》禅、雲居《うんご》の念仏禅などそれぞれ一方の旗手として独自の禅を唱えたのであります。

徳川時代の中期、近世日本の仏教諸宗が幕府の寺檀制度によって骨抜きにされるとともに国学や朱子学、あるいはキリシタンによって厳しい排撃を受けたとき、仏教徒の間に髣髴《ほうふつ》として仏教復興の運動が起こったことは、周知の通りでありますが、白隠さんはあたかもこの時代に直面し、日本臨済禅の復興を計ったのであります。そのやり方は、道元の曹洞禅、雲居の念仏禅、盤珪の不生禅に対する徹底的批判を通して、純粋な中国宋朝の公案禅を確立することであり、公案工夫を通して、坐禅と見性《けんしょう》（悟り）の体験を実質化せしめることでありました。本章では、まず白隠さんが民衆のために作った「坐禅和讃」を通して、彼の坐禅のすすめに耳を傾けることから始めてみましょう。

一　衆生本来仏なり

衆生《しゅじょう》本来仏なり　水と氷の如くにて
水を離れて氷なく　衆生の外に仏なし
衆生近きを知らずして　遠く求むるはかなさよ
譬《たと》えば水の中に居て　渇《かつ》を叫ぶが如くなり

長者の家の子となりて　貧里に迷うに異ならず
六趣輪廻の因縁は　己《おのれ》が愚痴の闇路なり
闇路に闇路を踏みそえて　いつか生死を離るべき

白隠のことばとしてまず冒頭に「坐禅和讃」を持ち出したのは、この短文の和讃が、参禅を志す者にとって、実にコンパクトな入門書の体裁をなしているからです。実際、白隠さんの著作のなかで、この「坐禅和讃」ぐらい人口に膾炙《かいしゃ》したものはないといっていいでしょう。一度でも坐禅会に参加した経験のある人ならば、全文を暗誦できるのが普通ですが、参集者全員が木魚の響きとともに音吐朗々と斉唱しますと、もうそれだけで和合衆《わごうしゅう》のなかに溶け込んでいく思いがし、深い禅境の入口に立つ気分に誘われるものであります。まずこの部分だけを現代風の詩にしてみましょう。白隠さんがすでに歌にされているのですから、これをもう一度詩文にすると、その素晴しい調子が消えてしまうかも知れませんが、使われている仏教用語が多いので、一応分かりやすくしてみましょう。

衆生はもともと仏さま　水《みず》と氷《こおり》のようなもの　水がなければ氷なく　衆生の外に仏なし
衆生は近さに眼がくらみ　あわれ仏を恋い求む　あたかも水の只中で　渇きに叫ぶともがらか　金持ち息子の物乞いか　迷いの路のはじまりは　おのれに暗き無知なれば　かかる闇路に踏み込んで　いつに迷いを離れえん

まあ大体このような意味になると思います。そこで、いよいよ「坐禅和讃」の内容に入ることにします。

白隠さんはまず冒頭に「衆生本来仏なり」という大テーゼを掲げています。これは仏陀が晩年に説かれた『涅槃《ねはん》経』の中心的教えであり、後に大乗仏教経典においても一乗思想として引きつがれたものです。『法華経』は特にこの一乗思想を強調する経典であり、若い時分から母を通して『法華経』に親しんだ白隠さんにとっては、強く彼の信念となった教えであったことでしょう。ふつう小乗仏教では三乗という思想が説かれています。三乗というのは悟りの岸に到るための三種の乗り物のことで、つまり個人個人の宗教的素質によって、仏の説法を聞いた後に悟ろうとして実践するやり方（声聞乗《しょうもんじょう》）、自分自身で悟りに到る実践（縁覚乗《えんがくじょう》）、自分も他人も共に悟ろうとする実践（菩薩乗《ばさつじょう》）の三つがありますが、大乗仏教では結局これら三つは一つに帰するものであるというのです。それが一乗思想です。その一つの実践とは、大乗仏教の菩薩行の実践であります。この実践によって、いかなる衆生も例外なく悟りを得ることができるという教えであります。

大乗仏教はこのようにして人間の絶対平等性・尊厳性を説いているのであり、そこには人間に対する動かすべからざる無限の希望と期待が籠められているといえます。「一切衆生悉有仏性」といわれる場合、この救済の可能性はひとり人間のみのものではなく、すべていのちあるものに開かれていることはいうまでもありません。衆生というのはサンスクリット語サッタバの古い訳語ですが、それはもろもろの生きものという意味になります。玄奘《げんじょう》三蔵という人の訳では「有情《うじょう》」となっていますが、ことばの感じからすると、この方がより実感があるのではないでしょうか。感情をもつものということになれば、牛や馬、犬や猫など、人間のすぐ隣りにいるわけですし、鳥や魚や虫でも、もちろん感情がある。手を出して捕えようとするとかれらは例外なく向こうへ逃げるでしょう。間違ってこちらに走り寄るものはひとつもないのが、その証拠ではありませんか。かれらにも恐怖の感情があるに違いないでしょうし、最近では花や木にさえ人間と同じ好悪の感情があることが、かれらの発する波動によって実証されているくらいです。

衆生を一応せまい意味で感情を持つものとすると、それは苦しみを知るものということになると思います。そして、苦しみをもつゆえに苦しみから逃れたいという要求も起こるのであり、苦しみのないところに快感も楽しみもない道理であります。

苦しみからの解脱《げだつ》を悟りというのですが、悟りとは実はこのように苦しみを根拠としているのであります。悟りが悟りだけで存在するのではないということは大切なことです。「仏」というのはサンスクリット語ブッダの音訳であり、その意味は「悟った人」、「覚めた人」ということであります。悟った人とは、「もと迷っていた人」に外なりませんし、「覚めた人」も「もと眠っていた人」ということになるわけです。決して初めから「仏」であるような人はありません。そういう人は仏とさえいえないでしょう。

衆生と仏とのこの不可同にして不可分な関係はいったいどういうことでしょうか。実は衆生と仏とは全く質を異にするものであって、衆生が集まって、あるいはしだいに浄化されていって仏に「移行」するのではなく、衆生は仏へと質的に転換・飛躍するものなのです。

衆生と仏のこの関係は、平面に線を引いて区別できるような関係ではなくて、いわば一枚の紙の表と裏のような関係であるといえます。表のない裏はないし、裏のない表もありえない。しかも、表は絶対に裏になりえず、裏も表になることはできないという関係です。

衆生と仏の二つは、このように、仏であるか衆生であるかという二者択一の関係にあるわけです。だから、衆生と仏の間に段階がない。少しだけ仏になったとか、まだ少しだけ衆生であるというようなのはありえないのです。

経に「一超《いっちょう》に如来の地に直入《じきにゅう》す」というのはそのことでしょう。「直入」というのは、ぴたりと一つになってあいだのないことでしょうし、そのままで超えてしまうのが「一超」ということであります。これを浄土門では「横超《おうちょう》」といっています。「横超とはよこざまに迷いの世界を超えしめるの意」で、超の字には、「まわりみちをせずに一飛びにこえる」という意味があるようです。

迷いから悟りへのこのような一足飛びを禅宗では、「頓悟《とんご》」ともいいます。それはぼつぼつと磨きをかけて悟りに到ろうとする「漸悟《ぜんご》」の考えを批判したことばですが、この場合、頓は早いという意味ではありません。迷いのただ中で悟るということなのです。

迷いと悟りのこの関係を、『楞厳経《りょうごん》』の「水の氷と成り、氷還《ま》た水と為るが如し」に倣《なら》って水と氷の関係で説明されたのは、まことに白隠さんらしい親切であるといえましょう。この喩《たと》えならば文字を知らない人にも、ごく日常的なこととして理解できるからです。

水は生命の源泉であり、生くるものにとって一日も欠かすことのできぬものですが、それが寒い朝などになると凍てついて顔を洗うこともできない。まことに不自由なものです。人々にとって氷には困りものとしての印象しかない。しかしそれが凍りついたのも、もとはといえば水があったからであります。同じものでありながら、人間生活にとってこのように利害・得失のあい反するものもないといえます。『宗鏡録《すぎょうろく》』に「牛の飲む水は乳となり、蛇の呑む水は毒となる」というのも、やはり同じことをいっていると思います。

ところで、その水を得るためには氷が溶けなくてはならないのであり、氷を捨て去って他に水に代わるものの求めようはありません。迷惑な氷も、実は求めようとする水そのものに他ならない。だから一気に氷は意味なきもの、水は意味あるものと断じて区別してしまうことはできないのです。水と氷はそのように不可分なものであります。本質は同じでありつつ、はたらきがあい反するというのが水と氷の関係といえましょう。

仏教では迷いというものをそのようにとらえるのです。迷いというものとて捨てる必要はないのです。それが悟りの材料であるからであり、悟れば迷いはそのまま同時に悟りに転じるのです。

「菩薩が生死（迷い）を捨てずして涅槃（悟り）に入るは、生死の性は即ち涅槃なるが故に、生死を捨てて涅槃に入るを待たざるなり」とは、早く達磨の『二入四行論』に説いたところですし、「日の出づる時、暗《やみ》に合《がっ》せざるが如く、智慧の日出づれば、煩悩の暗と倶《とも》ならず」（『馬《ば》祖道一《そどういつ》禅師語録』）ともいわれているのもそこのところをいったものでしょう。なるほど日と暗とは一つになれないわけであります。日が照らせば暗はひとりでになくなるだけであって、日が照るためにまず暗を排除する必要はないのです。悟りさえすれば迷いはなくなるのですから、迷いを追い出す必要はさらさらないことになります。

これを衆生と仏の関係で見れば、衆生はそのままに仏となりうるのであり、衆生を捨てて他に仏の因はどこにもないということです。

そういう明らかな理《ことわ》りに気づかず、衆生であるわれわれが、どこか別の所に仏の所在を求めるのは何故でしょうか。それはひとえに衆生であるわれわれの無知によるのであります。

つまり、われわれ凡夫は、衆生である原因と結果を両方とも自分のうちにもっているもののようです。だから自分以外のどこへも迷いの責任を転嫁することができない。別に仏が見捨てて衆生になっているのではないわけです。本来仏である自分が自分の責任において衆生となっているのです。したがって、このような衆生としての憐れな事態を救ってくれる仏などというものは、自分の外のどこにもないことになります。それをさもどこかにあるかのごとくに求めて歩いているところに、衆生の衆生たるゆえんがあるのです。これでは解決とは逆の方向にあり、あたかも木に登って魚を求めているようなものです。一生かかっても迷いを離れることはできまいと白隠さんは教えます。

二　自己の真実を証す道

夫《そ》れ摩訶衍《まかえん》の禅定《ぜんじょう》は　称嘆するに余りあり　布施や持戒の諸波羅蜜　念仏懺悔修行等　その品多き諸善行　皆この中《うち》に帰するなり　一坐の功を成す人は　積みし無量の罪ほろぶ　悪趣何処《いづく》にありぬべき　浄土即ち遠からず　辱《かたじけな》くもこの法《のり》を　一たび耳に触るるとき　讃

嘆随喜する人は　福を得ること限りなし　況《いわ》んや自ら廻向《えこう》して　直《じき》に自性《じしょう》を証すれば　自性即ち無性《むしょう》にて　已《すで》に戯論《けろん》を離れたり。

ここのところを現代語に直してみると、次のようになるでしょう。

ぼさつの励む禅定は　讃えるべきの言もなし　悟りに到る行道や　念仏・懺悔・修行など
みな禅定が根本よ　たとえ一坐の禅定も　無量の罪をふっ飛ばす　悪玉なんぞどこへやら
そこで浄土が足もとに　かくも得がたき教えを　聞いたが最後たちまちに　讃嘆実践する
人の　至福不尽は疑わじ　ましてみずから坐禅して　自己の本性証すれば　自性は無性とわ
かるゆえ　つまらぬ話はもう無縁

せっかくの格調高い和讃が骨抜きになってしまって、がっかりしている白隠さんの泣き面が見えるようですが、一応このようにしておきましょう。

ここに述べてあることは、大乗仏教の教えの要諦《ようたい》であり、一語一語が重要な意味とそれが用いられた歴史的な背景をもっていますので、それを一々説明しなくてはならないわけですが、それらについては各種の『坐禅和讃講話』を参照していただきたいと思います。ここでは特に白隠さんの強調していることにだけ焦点をしぼって解説しようと思います。

さて、衆生こそがもともと仏そのものであるということが、仏教の根本的な教えであるとわかった以上、喫緊《きっきん》の課題として、何はともあれ迷いを悟りにしなければ、仏の教えもしょせん画にかいた餅でしかないことになります。そこで迷いを去って悟りを得ようとするこのおろかな無知を、具体的にどのようにして智慧に転ずることができるかという実際上の問題について、白隠さんは坐禅こそ、その最も有効な手段であると説かれるのです。

いったい、坐禅という宗教的実践の道の歴史ほど古いものはないといえます。今世紀初頭（一九二〇年）にパネルジーによってインダス河流域のモヘンジョダロや、一九二二年にマーシャル卿によってハラッパーという地域で発見されたいわゆる古代インドのインダス文明遺蹟は、人類のもつ文明の古さを示すものの一つでありますが、そこにはかつて紀元前二八〇〇年から一八〇〇年に亘って都市が栄えていたといわれています。

インダス文明遺蹟からの出土品のなかには、人々が所有していた印章が発見され、その文様の一つに人が台床の上で両脚《あし》を開き、膝《ひざ》で折りまげて両足の甲のところを交叉して坐り、両手をそれぞれのひざの上に置いている図柄があります。それはどこか陣中の武士の坐相に似ているのですが、学者はこれを禅定に入っているシヴァ神の祖形ではないかと判定しています。また、モヘンジョダロ出土品のなかには、左肩に衣を着け右肩をぬぎ（ふつう偏袒右肩《へんだんうけん》といってインド礼法で長上に対する尊敬をあらわす格好です。右肩をぬぐのは使役に服し労に従うことを示しているといわれます）、眼を半開し、長髪と長いひげをたくわえ、鼻は高く、口を真一文字に結ぶヨガ行者の胸像（紀元前二〇〇〇年ごろ）もあって、確かにそんなに早くからヨガ禅定が行なわれていたことを物語っているのです（田上太秀『禅の思想』一七〜八頁参照）。

いうまでもなく、古代バラモン教のこのようなヨガの禅定は、人間の苦しみの根拠を身体にあるとし、苦の解脱はそのような身体からの精神の解放を願ったものであり、具体的に死後に天に昇ることを企図した実践法であるらしいのです。

仏陀も六年にわたってこのヨガの苦行を実践したわけですが、苦しみの根拠が身体にあるのではなく、無常・無我の真理に対する人間の内なる無明《むみょう》（無知）や愛欲（執着《しゅうじゃく》）というい わゆる煩悩にあることを知り、菩提樹下における仏陀独自の禅定によって苦悩の根本である迷妄から脱する道を発見されたのです。これがヨガとは本質的に異なる仏教の禅定のはじまりであります。

ところで白隠さんは「夫《そ》れ摩《ま》訶《か》衍《えん》（大乗）の禅定は称嘆するに余りあり」といって、同じ仏教の禅定といっても特に大乗仏教で教える禅定を讃えたのですから、われわれはまずもって大乗仏教の禅定というものについて知っていなくてはならないでしょう。

先にも述べたように、大乗仏教は特定の仏弟子（声《しょう》聞《もん》・縁《えん》覚《がく》）の独占物であった仏教を出家在家を問わず仏を敬い仏の教えに従い、仏の道を行じるすべての人々（菩薩）のものとする仏教の大衆運動でありました。したがって、自分ひとりの解《げ》脱《だつ》を求める代りに、まずは他の人の救済を願うところに根本の立場をおいた仏教であります。大乗という語も、はっきりと他の人々を彼岸に渡す大きな舟のことを示しています。「自からは未だ度《わた》（渡）ることを得ざるに先《ま》ず他を度《わた》す」（自未得度先度他）が大乗仏教の実践者たる菩薩の基本姿勢であるわけです。

もともと小乗仏教の比《び》丘《く》たちの生活綱目は「八正道《はっしょうどう》」といわれるものでありました。八正道とは、正見《しょうけん》（正しい見解）・正思惟《しょうしゆい》（正しい思い）・正語《しょうご》（正しい言葉）・正業《しょうごう》（正しい行為）・正命《しょうみょう》（正しい生活）・正精進《しょうしょうじん》（正しい努力）・正念《しょうねん》（正しい気づかい）・正定《しょうじょう》

（正しい精神統一）でありますし、これらが人間として生きるための最も端的に示された方法であることはいうまでもありません。しかし、大乗仏教から見ればそこに一つ欠けたものがあるのです。それは「他のものに対して己れを捧げる行為」であります。

それで、大乗仏教の説く悟りへの道の実践行として掲げられる「六波羅蜜《ろっぱらみつ》」（六度ともいう）には、その第一に「布施波羅蜜」が挙げられているのであります。因みに六波羅蜜とは次の六つの彼岸に到る実践をいいます。

第一は布施波羅蜜であります。波羅蜜は Pāramitā の音訳であり、度《ど》、度無極《どむごく》、到彼岸などと意訳されていますが、悟りの岸に到るという意味と、最上最高という意味との二種に解されているようです。布施とは檀那と同じで施すことでありますから、他に施すことによって悟りに到るということになるわけで、これが大乗菩薩たるものの第一の行であります。布施には財を与えること（財施）、法を説くこと（法施《ほっせ》）、あるいは安心を与えること（無畏施《むいせ》）の三種に分けるのが普通でありますが、『華厳経』菩薩十無尽蔵品など三十七種もの布施を挙げているものもあります。そして、理想的な布施は三輪清浄（三輪空寂）の施といって、施す者、施される者、施される物の三つのそれぞれに全く執着《しゅうじゃく》のないこととされています。

二つ目は持戒波羅蜜というものであります。これは戒波羅蜜ともいい、菩薩が行なうべき完全円満な戒のことでありますが、大乗仏教では三聚浄戒《さんじゅじょうかい》・十重禁戒・四十八軽戒が喧《やかま》しくいわれます。

三は忍辱《にんにく》波羅蜜。つまり文字通りたえしのぶことによって悟りに到ることです。大乗仏教でいう忍辱は、小乗仏教の行ずる忍辱と区別され、特にこれを耐怨害忍《たいおんがいにん》・安受苦忍《あんじゅくにん》・諦察法忍《たいさつほうにん》の三種に分けています。諸法の真理を正しく諦観認識するのが諦察法忍であり、これによって他からの害にもよく耐え衆生を利益利済《りやくりさい》せしめるのを耐怨害忍といい、自己の遭遇《そうぐう》する苦難逆境を忍受し、これに安住して退転しないのを安受苦忍というのであります。

四は精進波羅蜜で、これは勇猛《ゆみょう》に善を修し悪を断つ修行によって悟りに到ることです。行《ぎょう》住坐臥《じゅうざが》のすべてにおいて専一に勤め励むことであります。

第五番目が、いよいよ禅定波羅蜜であります。坐禅によって悟りに到ることですが、同じく禅定といっても外道バラモンなどでは、「四禅八定《はちじょう》」などといって禅定に段階を置くものから、形式上の坐禅よりも心の散乱を止めることを意味するものまで、いろいろの種類があるわけです。

そして最後に智慧波羅蜜を挙げます。智と慧とは、もともと原語が異なるもので、特に慧の方は広い意味で、善・悪・無記のあらゆる知的作用をいい、凡夫の劣慧から無漏の最高慧までを含むものであります。しかし普通に智慧といえば、般若《はんにゃ》の智慧つまり最高の智慧を指すことになっています。この智慧によって悟りに到るというわけですが、実際には最高最上の智慧がそのまま悟りにほかなりません。悟りのことを「無上正等正覚」などと意訳する場合にそのことがよく示されているといえます。

これら六つの実践項目は、多く小乗仏教の八正道と重なるわけですが、特に大乗仏教にのみ見られるものは、布施と忍辱《にんにく》の二つであり、他に与えること、他からのものにたえしのぶことは、いずれも一切衆生もろともに彼岸に到るための要件と見てよいでありましょう。これがなくては大乗仏教といいえないからであります。

それで、同じく禅定といっても、特に大乗仏教における禅定、つまり坐禅の実践においてはこの心構えがなくてはならないのは当然であります。北宋の長蘆宗賾《ちょうろそうさく》が撰《せん》した「坐禅儀」は、禅宗における禅定の要術を示す基本テキストとして今日も用いられるものですが、その冒頭に、「尽学般若《じんがくはんにゃ》の菩薩は、先《ま》ずまさに大悲心を起こし、弘誓《ぐぜい》の願を発し、三昧《ざんまい》を精修し、誓って衆生を度すべし。一身のために独り解脱を求めず」と忠告しているのもこのことです。

さて、白隠さんは、「夫《そ》れ摩訶衍《まかえん》の禅定《ぜんじょう》は、称嘆するに余りあり。布施や持戒の諸波羅蜜、念仏懺悔修行等、皆この中《うち》に帰するなり」といい、すべての仏教的実践行は、坐禅のうちに収まるといいきったのです。白隠さんにいわせれば、布施も深い坐禅を通して最高の布施になるのであり、持戒も禅定によってこそよく守られるというわけでしょう。

「一坐の功をなす人は、積みし無量の罪滅ぶ」というのですから、ほんのひと坐りの坐禅も一挙に無量の罪を解消せしめる効力があるということになります。禅者の好む言葉に、「一斬《ざん》一切斬、一染《ぜん》一切染」というのがあります。束ねた糸をぐさりと切れば、一斬で一切斬、束ねた糸を染め瓶《かめ》に浸ければ一染一切染ということでありますが、ちょうど、坐禅による罪の断滅もそのように一挙になされるものであると教えているのであります。もちろん、一坐ですべてが解決するわけではないので、この「一坐」の一は、そういう数量の問題ではなくて、坐禅の本質的原理、坐禅の根本的原理としての一なる坐をいったものと解すべきでありましょう。そういう坐禅のあるところは、そのままに悟りの世界が現成するというわけであります。そういう坐禅が実践されるところには、悪というものの入りうる可能性すらない。悪趣というのはいわゆる悪道と同じで衆生が悪業《ごう》（悪い行為）のために趣《おもむ》かねばならぬ迷いの世界で、ふつう地獄・餓鬼・畜生の三悪道《さんまくどう》を意味します。白隠さんが「悪趣いづくにありぬべき」といわれているることは、そういう世界がどうしてありえようかということでありますから、地獄もやがて浄土になるであろうということではなくて、地獄がそのまま仏国土になってしまうということです。いわゆる「娑婆《しゃば》即寂光浄土」といわれるのと同じであります。地獄がそのまま浄土であるならば、地獄はどこへも行きようがない、存在のしようがないわけです。そういう意味で、これはもう地獄に対する浄土というように相対的なものではなく、絶対の浄土といわねばならないでしょう。

そういう絶対の救いというものが坐禅することによって現成するというのですから、こんな教えをひとたび耳にした以上は、それを大いに讃仰《さんぎょう》し、そういう教えに随喜《ずいき》すれば、苦悩を解脱して福を得ること疑いなしというわけです。白隠さんはここで誰もかれも坐禅をせよといっていません。誰もかれもができることでもないからでしょう。しかし、少なくとも坐禅のもっている功徳力《くどくりき》というものに対する信を持つことだけでも、無量の福につながってくるというのでしょう。いわばこれは「証」ではなくて「信」のすすめと見てよいと思うのです。白隠さんの高弟である東嶺円慈《とうれいえんじ》という方は、「信修」ということをずいぶんと強調しておられます。自分自身で仏法の要諦を実究実参して「実証」することはもちろん最も理想でありますが、たとえそこまで行かなくとも、われわれ凡夫には「信修」というものがあるわけです。「若《も》し此の道を成就しようと欲せば須らく大信根を持たなければならない」（『宗門無尽灯論』信修第二・原漢文）と東嶺は書いています。

では坐禅するものはいったい何を信じるのでしょうか。東嶺は続けます。何を信根というかといえば、衆生であるものも諸仏の心性《しんしょう》および無量の智慧というものをもともと持っているということ。宗教的天分のあるなしに関わらず、また智者であろうと愚鈍であろうと坐禅をする者は必ず悟りを得るのだということ。しかし坐禅をしているうちに、幻のような境地があらわれでても、これを本当の悟りであると思ったらもう二乗外道《げどう》の部類に堕ちてしまうのだということ。真っ直ぐに坐禅を続ければやがて一挙に仏性《ぶっしょう》が現前して、それは頭で考えることのできぬほどのものであること。たとえ、そこまで進んでも立派な指導者に出遇ってさらにその奥にある関門を通らなければ一生を台無しにしてしまうものだということ。さらにその奥の関門を通過して禅の宗旨に到達したとしても、禅宗にはその先に全く別の大切なものが待ちかまえていること。たとえ、それを手に入れたとしても、個々人によってそれを使いこなす上において色々の細かな方法上の違いがあること。師から大切な教えの伝灯を譲り受けるについては厳密な伝灯のルールがあるから、正しい禅の伝灯を受けつぐべきであって、ひとりよがりにならぬこと。日常生活の中で悟りの内容をよく養いこなし、これを子々孫々に伝えて断絶してはならないこと、などである。

一口に信修といっても、このように並々ならぬ決意をもつことであり、なるほどそういう決意を伴なった坐禅の讃嘆随喜ならば、それだけでもうご利益《りやく》があるといってよいでしょう。しかし、禅宗の本命はやはり何といっても坐禅です。自分みずからが、真実の自己にめざめなくては完成といえないのです。禅ではそういう本当の自分のことを「父母未生《ふぼみしょう》以前本来の面目」、つまり、両親もまだこの世に生まれない先からあるような自分、とこういうように表現するのですが、要するに、生まれてから死ぬまでのこの生死的自己とは別に、もうひとり生死を超えた自己、父母の誕生よりも先からあった無生死の自己があるというわけです。

ここで白隠さんは「直《じき》に自性《じしょう》を証すれば、自性すなわち無性にて」といわれていますので真実の自己の本質（自性）というものは「無性」だということになります。端的にいって真実の自己とは、つまり苦しみ迷うこの自己からの脱出でありますが、自己がそもそも無性だと知れた途端に、苦しみも迷いも寄りつく島を失って消えうせるのでしょうか。すると、いままで何とかして自分から苦しみを取り除こうとしてきた努力が「戯論《けろん》」であった最大の理由は「自性」というものが何か実体としてあると思っていたからであり、そもそも無性であって実体さえなければ、本来苦しみや迷いなどはありえなかったことになり、責任の所在は自己に執してきた自分にあるということになるのでしょう。

もちろん白隠さんが「直に自性を証すれば」とあっさり流されていることの重大な意味を見逃すわけにはいきません。恐らく白隠さんは、直に自性を証するということは、これをいくら説明しても、結果各人が自分自身で冷暖自知して自得するほかはないがゆえに、このように一句にとどめられたのでしょうが、その内容たるや血みどろの刻苦精励、勇猛精進の結果であるに違いありません。そのような苦しい修行を「戯論」であったと一語で片付けられているところに目をつけるべきでありましょう。白隠さんより少し時代の早かったあの盤珪永琢《ばんけいようたく》という方にしても、身命を賭《と》しての艱難辛苦《かんなんしんく》の末に大解脱を得て、「やれやれ無駄骨を折ったことかな」と述懐されていますが、ここのところが凡人に通りにくいなかなかに恐ろしい関所でありましょう。

三　悟りの生活

因果一如の門ひらけ　無二無三の道直《なお》し
無相の相を相として　往《ゆ》くも帰るも余所《よそ》ならず
無念の念を念として　歌うも舞うも法《のり》の声
三昧《さんまい》無礙《むげ》の空ひろく　四智円明《えんみょう》の月冴《さ》えん
この時何をか求むべき　寂滅現前する故に
当処即ち蓮華国　この身即ち仏なり

この箇処は「坐禅和讃」の第三段、つまり結論の部分です。ここで白隠さんは苦しい坐禅修行が約束する日々是れ好日《にちにちこれこうにち》の法楽《ほうぎょう》三昧の日常生活を謳《うた》いあげています。例によって意訳をしてみましょう。

迷いの扉ひらかれて　一すじの道まっすぐに　自我がないから気は楽だ　行く先ざきがみなわが家よ　何も思わぬ心から　歌も踊りも飛び出すよ　果てなく広い碧空《あおぞら》に　月の光が冴えわたる　いまさら何が欲しかろう　煩悩の火も燃えつきた　ここがそのまま蓮の池　この身がそのまま弥陀如来《にょらい》

現代は生き甲斐のない時代だといわれます。生活そのものは豊かであるのに何となく虚ろな気分がして、中心にコツンとした核のないアドバルーンみたいなのが私たちの生活といわざるをえません。いくら楽しい生活を送ろうと努力して、色を代え花を変えてみても空しさだけが残ります。

それに比べると、ここに謳われている白隠さんの世界の楽しさには、無限の力と充実が漲《みなぎ》っているではありませんか。一体どうして楽しみの内容がそんなに違うのでしょうか。それはいうまでもないこと、坐禅を通して取り戻された真実の自己の生活だからです。

「自性すなわち無性にて　すでに戯論を離れたり」というところに始まるこの従来と全く別

の生活は、自性を欲望追求の原動力と心得ている凡人の生活と質の違うのは当然のことでしょう。私たちの生活では楽しみを求めるのに対して、白隠さんの場合は、楽しみがひとりでについてまわるのです。いわば無所得行の気楽さとでもいうのでしょう。欲望と名のつく自我に追われて所得を求め、これを背負って歩くところには負担と気だるさとが増すばかりで、荷物をおろした軽々しさ（禅僧のいう「下載《あさい》の清風」）といったようなものを味わうことはできないのです。

古歌に「馬鹿は気楽じゃ理屈の種が、胸にないので気が広い」というように、自我というものも、よくよく見つめれば四大（地水火風）の仮の結合体であって、四大分離すれば一切は無に帰すものであることが分かってしまえば、何をあれこれ気にすることがありましょう。

「因果一如の門」とは、文字通り原因と結果を一つと見る世界観で、つまりいまここにあるものが、何かの原因の結果であるとか、また、いまのこの行ないがどんな結果になるのだろうかなどというような連鎖的な考えを超えていることでしょう。そういう世界観の開けです。私たちはいま・ここというものを、過去や未来との関係で考えやすいけれども、あるといえるものはいま・ここにしかありえない。因と果はいまここで一つのものなのです。それ以外のものは仮空の想念でしかないでしょう。「無二無三の道直《なお》し」とは、真実の道がいま・ここというこの那《な》一点にしかない。これが二でも三でも無い。唯一つの一真実であるということでしょう。『維摩経』に「直心《じきしん》是れ道場」という句がありますが、ただ今の自分のあり方そのものが、そういう一すじの真っ直ぐな道であります。過去を悔むことも将来を憂うることも、右顧左眄《うこさべん》することもない。いつの瞬間にもただ今のところに立ちつくすだけである。するとそこだけが自分の住むべき本来の家（本分の家郷）になる。いつどこにいても他所《よそ》でない。「行くところ吾が家なりけり　かたつむり」で、蝸牛《かたつむり》にとって他所に家はない。行く先々がそのまま家である。泣こうと笑おうと真実の声でないものはないということになります。臨済義玄（臨済宗の開祖）のことばにも「随処《ずいしょ》に主と作《な》れば、立処皆《りっしょみ》な真なり」（『臨済録』）というのがあります。

しかし、このようにいつでも・どこでもが真実になるための根本には、なによりもまず固定した何かをもたないことが肝要であります。すがた形が定まってしまうと、自由自在ではなくなります。相のないことによってこそ無限の相が可能になる。それが「無相の相を相とする」ということですし、固定した考えをもってそれに捉われるのでなく、いつも無念のままで開いておくことによってこそ本当に自由で広々とした大空のような心であることができるわけです。

それが「無念の念を念とする」ということでしょう。

そういう自由な生き方は、もはやどんなものにも妨げられない。白隠さんは仏を水に喩《たと》えられましたが、ほんとうに水は無所住であるがために自由なのです。氷のように一度固まってしまうと、もう自由ではありません。「竹密にして流水を妨げず」という句は、水の自由を謳いあげて見事であります。

そういう自由無礙《むげ》の心境は、何も礙《さえ》ぎるもののない大空のようだと白隠さんは謳うのです。そしてその大空を照らしているただ一つの真理を月に喩えておられます。四智円明の月とは、あの皎《こう》々と輝く中天の満月を悟りの智慧の象徴とみたのです。四智とは仏（覚《さと》れる者）そのものである四つの偉大な智慧をいうのです。

第一の智慧は「大円鏡智」。文字通り大きくてまん丸い鏡のような智慧ということで、あの中秋の名月を想い浮かべればよいでしょう。この智慧こそが真実の仏の姿であります。ただ無心に照らしている天空の月のさやけさ、美しさを仏と見るのです。「映るとは　月も思わず映すとは　水も思わぬ　広沢の池」というところでしょうか。そういえば仏の真実は、あの静かで鏡のような水面についても見とどけることができましょう。

「円い」ということも完全の象徴です。四角い鏡もあるわけですが、円満ということ、つまり円いということは満ちていることでもあります。よく禅僧は一筆で円を画きます。これは一円相といって中国唐代の禅者たちが好んで地面に画いて、真理を表現したのです。よく円相の賛に、「円《まど》かなること太虚《たいきょ》に同じ、缺《けつ》無く餘《よ》無し」（円同太虚無缺無餘）という『信心銘』の一句が書いてありますが、まことに円は「無欠無余」であり「無始無終」でありますから、これこそ最も適切なる真理の表現であります。さらにそれが鏡でありますと、無我無心という理想的な心の状態までを示してくれるわけです。仏を表現するのにこんなに素晴らしい比喩があるだろうかと思うくらいです。

第二は「平等性智《しょうち》」といいます。鏡は無我無心（これが白隠さんのいう「無性」ということ）なればこそ、一切の対象物をえり好みすることなく映します。鏡の前には一切が等しく受け容れられるわけですが、これこそ仏の包容力を示すにふさわしいものです。白隠さんの「水」ということでいえば、「水は方円の器《うつわ》に従う」というように、水はどんな器にでも入ります。氷となるとそうはいきません。一度牛乳ビンで作った氷はもう出すこともできないのです。これが衆生（凡夫）の固着性、不自由さというものです。水は四角い器なら四角く入る、丸い器なら丸くなって入る。何という柔軟心《にゅうなん》でしょう。そういうように、あれは好い、これは嫌いということのない心を平等性智というのであります。

第三は「妙観察智」です。平等ということは、鏡が大小、善悪、美醜の隔てなくすべてを受け容れるという意味であって、同じように受けとるということではないわけです。大は大、小は小、善は善、悪は悪、山は山、水は水と対象をそのままズバリと映します。その素晴らしい智慧は、とてもわれわれ凡人の真似ることのできないものです。鏡は無心であるからそれができるのです。凡人は強い自我をもっていますから、前に来るものにはこの自我の都合のよいように対応します。自分にとって好ましければ事実以上の評価をしたり、自分に不利なものは事実を曲げて悪く解釈したり、平気で事実をゆがめてしまいます。しかし鏡は事実そのままを映し出すのです。まことに「妙なる観察をする智」というべきであります。物をありのままに見る（仏教でいう如実知見）という単純明快なことは、ある人にはできても、ある人にはできないという厄介なことでもあります。あたかも水と氷のように、この智慧の人と無明《むみょう》の人の間はまことに近いものであるとともに、とても遠く隔った関係であります。「山は是れ山、水は是れ水」とか、「柳は緑、花は紅《くれない》」とか、「眼は横、鼻は直《たて》」といったそんな当たり前のことをいった言葉が尊ばれるゆえんでしょう。

最後は「成所作智《じょうしょさち》」。つまり所作を成す智慧というものであります。鏡はただ前にくるものを受け容れるというだけの、いわば受動的、非主体的なだけのものではありません。それは充分に主体性をもってはたらくものであるということでしょう。どんなはたらきかといえば、対象として映したものも、それが過ぎ去れば直ちにまた元の無に戻るというはたらきです。凡夫にはこれがまた至難なことなのです。一度心にとどめたものに、いつまでも執着《しゅうじゃく》するのです。とても無に帰ることはできない。だからその次にやってくる物を純粋に映し出すことができない。いつも先の残像とのダブリの中でしか物が見られないのです。過去のイメージどころか、まだやってもこないものに対する予断・期待という妄想さえ一杯もっています。起こってみなければどうなるかわからないことを無闇に待ちうけたり、憂慮したりするのです。なんという無智蒙昧《もうまい》でしょうか。

さて、「四智円明《しちえんみょう》の月冴《さ》えん」と白隠さんが謳われたことの意味はほぼ察せられたと思います。そういう月がわたしたちの心に輝けば、この世界はそのままのお浄土であり、この自分がそのまま仏であることに気づかされるというのであります。

「坐禅和讃」は、このように白隠さんの「坐禅のすすめ」であります。白隠さんのこの親切なすすめを耳にして、実際に日常生活のなかのひとときを静かに坐禅して過ごすか、あるいは話として済ませるかは各人の自由ですが、仏と衆生とのこの近く見えて遠い隔たりを思うと、やはりできればこういう世界を味わってみたいというのが偽らぬ人情ではないでしょうか。

第三節　勇猛精進の道を行く

一　大疑の下に大悟あり――『薮柑子』――

前節では白隠さんの「坐禅和讃」を手掛りとして一応坐禅の精神というか、いわば禅の原理的な面を学んだわけです。しかし、やはり禅宗は坐禅を実践する宗教であり、しかも白隠さんの所属する臨済禅は「悟りを以って則《のり》とする」中国宋代の看話《かんな》禅の伝統をついでいますから、同じく坐禅といっても曹洞宗の方で行なわれる坐禅とは本質的に異なるようであります。曹洞宗の方では「只管打坐《しかんたざ》」といいまして、ただひたすら坐禅に親しむのであって、坐るために坐るというもので、坐ること自体に坐禅の目的をもっております。「行も亦《ま》た禅、坐も亦た禅、語黙動静《どうじょう》、体安然《あんねん》」（「証道歌」）といわれるような静かで調った生活をすることこそが禅の生活であって、坐禅はそういう生活の基本となるものであります。曹洞宗の教えの中心は、「威《い》儀《ぎ》即仏法、作法即宗旨」といわれるように、日常生活が仏さまと同じように運ばれることの尊さにあります。これを仏作仏行《ぶっさぶつぎょう》というのですが、したがって生活の規則（清規《しんぎ》）が大変喧《やかま》しくいわれるわけです。

少し理屈っぽくいえば、曹洞禅では「本証妙修」といって、日々の生活は本来的に仏陀によって証明せられたような証《しょう》（さとり）のなかに抱かれて、その証《さと》りを自己のこととして自内証しつつ修していくことであります。この立場では個人は大きな証りの中にあるわけですから、少々努力をして修行をし悟りを開いたところで、所詮は人間の一時的なわざ（暫時《ざんじ》の伎《ぎ》倆《りょう》）にしか過ぎないと考えられます。むしろ、大きな悟りの光に照らされるところ（黙照）にこそ真実の生活があるとされるわけです。

ところで、そういう曹洞禅のあり方、具体的には宋の宏智《わんし》正覚《しょうがく》が唱えた黙照禅をわが国にもたらした永平道元《えいへいどうげん》の禅に対して、白隠さんは「黙照枯坐の邪党」というようなひどい批判をしたのです。全く知らない人が聞くと何か怨みでも持っていたのかと思うほどの罵りようです。

もっともいつの時代にでも、自己の立場を明確に主張しようとする人は、異流との妥協を許さないばかりか、それらを痛烈に批判するもののようです。そこには一種の使命感のようなものが強く働いているのですし、それがやはり迷っている人々に対して為さねばならぬ宗教的な義務とさえ考えられるもののようです。白隠さんは観音さんに対する信仰も厚く、また他宗の人々とも交流をもち、深く菩薩の慈悲行を実践された方ですが、それだけに人々を正しい禅に導きたいと考えられたらしく、同じ禅宗の異流に対しては遠慮会釈のない批判をされておりま す。それらを見ると白隠さんの場合、菩薩行とは慈悲行であるよりも厳しい向上の修行を意味することであったという印象を強く受けます。その対象は何も道元の曹洞禅に限らず、少し先輩になる盤珪永琢の唱えた「不生禅《ふしょう》」や、黄檗《おうばく》の隠元隆琦《いんげんりゅうき》や、同じ妙心寺派の雲居希膺《うんごけよう》の「念仏禅」に至るまで呵責なき批判を加えております。それだけにまた「白隠禅」の本質は純化され、密度を高めて今日まで続いてきたといえましょう。たしかに、盤珪の「不生禅」も、隠元や雲居の「念仏禅」も、今日絶えてしまったのです。憎まれっ子世に憚るというのでしょうか。自分でも仏と悪魔の両方から憎まれていることを自認した白隠さんであったわけですが、そういうところに宗教的指導者独特の非人情というものが見えるようにさえ思えます。

先にも申しましたように、白隠さんは宋の国からわが国に伝えられた臨済宗を継ぐ人ですが、特に徳川時代に到って幕藩体制のもとで力を失ってしまっていた鎌倉純粋禅を再興された人であり、「五百年間出《かんしゅつ》の人」(と自称した)といわれるように、五百年に一度しか世に出ない禅の逸材であったわけです。彼が日本臨済禅中興の祖と仰がれるゆえんであります。

そういう気性《きしょう》の人ですから、門下の弟子はもとより、白隠さんに参禅して禅の道を修めようと慕い集まってくる在家の人々に対しては、実に厳しい、手をゆるめない指導をされたようです。

しかしまた同時に白隠さんには、他の禅匠たちに見られぬ優しさというものが感じられます。精神的に迷っている人々、身体を病んでいる人々に宛てた書簡を見ると、何とかして苦海から救ってやりたいものと思われる白隠さんの心が手にとるように分かるのです

本節では、そういう白隠さんの厳しさと優しさの入り混った仮名法語や手紙を読んでみようと思います。

まず最初に、『薮柑子《やぶこうじ》』と題された一篇の仮名で書かれた法語（禅の教えを分かりやすく書いて在家の信者に与えたもの）を取りあげてみることにします。白隠さんの法語には、それぞれ題がついていますが、どういうわけか多く植物の名前です。それもなんとなく毒を含んだような草や木です。たとえば白隠さんの語録として最も代表的なものが『荊叢毒蘂《けいそうどくずい》』です。その他、『於仁安佐美《おにあざみ》』、『辺鄙以知吾《へびいちご》』、『壁生草《いつまでぐさ》』、『八重葎《やえむぐら》』、『さし藻草《もぐさ》』、『仮名葎《むぐら》』、『藻塩集《もしお》』といったような調子です。この『薮柑子』もその一つです。禅宗では苦しい修行の生活を荊棘《けいきょく》林《りん》（いばらの林）といい、修行者の生活共同体を叢林《そうりん》といいますので、やはりそういうニュアンスで白隠さんも題をつけられたのでしょう。

さてこの『薮柑子』という一篇の法語は、宝暦三年、つまり白隠さん六十九歳のときに書かれたものであります。日付はないのですが、ご母堂の五十回忌に当たるので、何か供養になることはできぬものかと考えているところへ、岡山侯の側近をしている富郷賢媖《とみさとけんえい》という人からの所望があって、これを法施供養の一端と考えて書いたと述べてあり、それがこの年になるのです。

驚くべきことに、白隠さんは六十九歳という、その当時にすればかなりの老齢でありながら、この長い法語、字数にすれば四百字詰原稿用紙で二十三枚にも及ぶ長文を、「五月二十五日の夕方から取りかかり二十六日の夜半過ぎ迄に急に清書致し、翌朝、(位《い》)牌《はい》前へ手向け申し候」(『藪柑子』)というのですから、大変な精力とスピードで一気に書き上げ、清書されたことになります。五月二十七日が母上の命日であったのでこれに間に合わせようというわけですが、母と別れて五十年も経て、なお母に対するこの熱い孝養心はどうでしょう。

それにまた、初めのうちは賢媄の需《もと》めに対して禅の道を説いているつもりが、いつしか禅宗の現状に対する悲憤慷慨《こうがい》の文章に変っていくあたり、全く直情的な白隠さんの面目が躍如としております。白隠さん自身こう書いています。

老夫、昨夜感ずる処ありて、灯火に独り此の法語を書す。書して此処に到り覚えず手を拍して失笑す。如何となれば、初めは貴姉の為めに親しく見道得力《けんどうとくりき》の指南を書き出して、夜深く人静かに半睡半醒の時に至り、覚えず祖道衰滅の悲嘆を書すること数十行。是れ市人《しじん》は常に愛して利を談じ、山人《さんじん》は常に愛して山中の事を説くものにして老夫もまた然り。昨《さる》大唐の寺院一宇も残らず頽廃する事を聞き、且つ驚き且つ悲しみ、懊《おう》々として楽しまず、終《つい》に計らずも別調の中《うち》に吹かれて其の亡ぶる所以の端由《たんゆ》を書す。

私こと老いぼれ親爺《おやじ》が、ゆうべ感じるところがあって灯の下でひとりこの法語を書き始めたのですが、ここまできて自分自身でおかしくなってしまいます。なぜなら、初めは貴女のために悟りへの道をお教えしようと書き出しておきながら、夜が更けて人静かになり頭がボーッとしてきた加減で、いつの間にか、禅宗が堕落している現状を嘆く文が十数行にもなってしまったからです。これは、世間の人たちが金もうけの話が好きであったり、山中にすむ修行者が、修行のことを論じやすいのと同じであります。この頃、中国の寺が一つ残らず頽廃しているのを聞いて、驚き悲しんでいるしだい。それで思いがけなくも、調子を失いついでに、なぜそんなことになったのかについて述べてしまったのです。

とまあそういう意味になるでしょう。白隠さんが、中国における禅宗の没落をいかに嘆いていたかということがよく分かります。同じことを日本の禅界についても考えておられたに違いありません。それが白隠さんの精力的な長文の法語となって表れたと思います。正しい臨済禅を後世に伝えたいという念願が文中の各所に見られます。そのためには、理屈ではなく各人が身をもって徹底的に坐禅をして、この禅の大道を見届けなくてはならない。そういう切なる思いでこの『薮柑子』も書かれています。とにかく拾い読みしてみましょう。

先づ申し述ぶべきは、たとい老僧お望みに任せて内典外典を考え合せ、種々の法理を際限もなく書き付け進め候とも、門より入る物は家珍にあらずと申し伝え侍りて、生死《しょうじ》透脱の助けには更に罷《まか》り成らざる事に侍り。唯願わくば自性本有の有様を一回分明に見得し玉うに越えたる事は侍らず。かの自性本有の有様は如何にして見届くべきぞとならば、おおよそ番々出世の如来、三世古今の賢聖者たちの頓漸《とんぜん》・半満・顕密・不定《ふじょう》等の法理を、数限りもなく説き置かれ侍れど、只《た》だ肝心の処は行者勇猛の志をはげまし、直《じき》に進んで退かず、囫地《かち》一下《いちげ》の歓喜を得ざらん限りは、必定決定退惰の心を生ずまじきぞと覚悟《かくご》し玉《たま》うよりほか別の子細候わず。

ここで白隠さんは、たとえ千巻万書の勉強をしてみても、それらはすべて外から輸入した知識であって、人生問題の根本的な解決のためには何の役にも立たないといわれます。

禅宗では「不立文字《ふりゅうもんじ》、教外別伝《げ》、直指人心《じきしにん》、見性成仏《けんしょう》」といって文字や教説に依らずに直接に人間の本性を悟って仏（覚《めざ》めたるもの）になることを教えます。もちろん、そうはいっても文字やことばを全面的に無用なものとして否定するのではありません。ただそういうものに頼り、そういう文字に書かれたものに依って立つことは間違いであるとするのです。

文字や経典語録のことを、禅宗では「指月《しげつ》の指《し》」とか「敲門《こうもん》の瓦子《がす》」とかいうわけですが、それはどういうことかというと、文字や教えというものは真理のありかを示す指のようなものであり、それはやはり必要である。それがなくては真理の所在にさえ気づくことができない。しかし、それはあくまで真理への指示であって真理とは違うわけです。月の所在を指す指が月そのものではないことは誰にでもわかることですが、どうかするとその指のことに終始して月そのものを見ることを忘れるのです。

敲門の瓦子というのは、中国では家を訪ねた客が門のところに置いてある瓦のようなもので門を敲《たた》いて来訪を告げる習慣があったようです。すると家人が出て来て門を開けてくれるのですが、客はその瓦を持ったまま家に入らない。また門の脇に置いておくわけです。ちょうどそのように、一応必要であるがあくまでそれは手段、道具として必要であって、求めるもの自体ではありません。

魚を捕えるためには筌《ざる》がどうしても必要です。しかし魚を捕えたらもう筌は必要ではありません。それが「忘筌《ぼうせん》」ということでしょう。兎を捉《とら》えるために蹄《わな》をかけますが、兎がつかまれば蹄は不要です。『荘子』外物篇に「筌《せん》は魚在る所以《ゆえ》に、魚を得て筌を忘る、蹄《てい》は兎在る所以に、兎を得て蹄を忘る」というのがそれです。

これらは真理を求める側から見た道具としての文字やことばに対する注意です。反対にそれを真理を説明するためにあることばや文字の側からいうとどうなるかといえば、禅者はそれを「葛藤《かっとう》」とか「塗毒鼓《づどっこ》」とかいうのです。葛藤とはふじかづらのことです。そういう蔓《つる》くさは樹木にまつわりついて生きるものですが、あまり繁茂するとかえって樹木を枯らせてしまう危険きわまりないものです。だから禅宗では、文字やことばも余り度が過ぎるともとの真理（禅の本質）を駄目にしてしまうということです。

さて、ここで白隠さんはそのような文字やことばの毒性についていっているのではありません。白隠さんは「門より入る物は家珍にあらず」という古語を引用して、本当に求めようとしているものは、もともとわたくしたちの一人一人の内にあるのであって、外から仕入れるものではないといわれているのです。「盗人を捕えてみればわが子なり」などという楽しい川柳がありますが、この歌のもつ面白さは、「外からではなくもともと自分の側にあった」という思いがけない事実の発見です。これはまさに笑うにしては余りにも厳粛な父親の発見、それは尊い人間の仏性をわが内に見つけたもの、驚きと同じといってよいと思います。それでわれわれは、何としても宝物を外に求めるのではなく、自己の内に見届けなくてはならないわけです。それで「唯だ願わくは自性本有《ほんぬ》の有様を一回分明に見得し玉うに越えたることは侍らず」と白隠さんはいわれます。

ではどのようにすれば、この自家薬籠《じかやくろう》中のものを手にしうるかといえば、どんなに先聖《せんしょう》古哲の教説があろうとも、要は勇猛の志をはげまし、直に進んで退かず、囫《か》地一下の歓喜を得ない限りは、絶対に退かないという覚悟をもつことだといわれるのです。白隠さんはつねにこの不退転の「勇猛心」こそ修行者にとって最も重要な要件とされたのです。勇猛心については次の項で学ぶことにします。

さて白隠さんは囫地一下の大歓喜を得るまでは絶対に退いてはならぬといわれますが、囫地一下の大歓喜とはどういうことでしょうか。囫という字は、「あっ」という驚きの声をいうのです。たとえば物を失って探していた人が、それを見つけて思わず発する声をいうのですが、それと同じように師を尋ね道を訪うて歩きつづけた人が参究三十年して忽《たちま》ち心花《しんか》発現して「此の事」が会得《えとく》できたとき、覚えず口をついて出る一声であるといわれています。𡆢地一下とはそういう一声が飛び出るような人生の大発見の刹那《せつな》をいったものでありましょう。

蓋《けだ》し彼《か》の𡆢地一下の歓喜は如何にして得べきぞとならば、大疑の下《もと》に大悟ありと申して、唯だ今この文を披覧し、或いは笑い或いは談論し、万縁に応じてそれぞれに働《はたら》きもて行く底《てい》、是れ何物ぞ。是れ心なりや、是れ性《しょう》なりや、青黄赤白《しょうおうしゃくびゃく》なりや、内外中間なりやと、是非是非一回分明に見届けずば置くまじきぞと、十二時辰、三四威儀、たけく精彩をつけ、間《けん》もなく励み進み侍らば、いつしか妄想思量の境を打ち越え、前後際断の工夫現前して、男にあらず女にあらず、賢にあらず愚にあらず、生《しょう》あることを見ず、死あることを見ず、唯《ただ》一向空洞洞《とう》地虚濶《かつ》々地にして、昼夜の分ちを見ず、心身ともに消え失する心地は幾たびも此れある事に候。此の時恐怖を生《しょう》ぜず、間《けん》もなくはげみ進み侍れば、いつしか自性本有《ほんぬ》の有様を立処に見徹し、真如実相の慧日《えにち》は目《ま》のあたり現前して、三十年来いまだ曽《かつ》て見ず、未だ曽て聞かざる底《てい》の大歓喜は求めざるに煥発《かんぱつ》せん。是れを見性《けんしょう》得悟の一刹那《いっせつな》と名づけ、是れを往生《おうじょう》浄土の一大事とも相伝することにて、自心の外《ほか》に浄土なく、自性《じしょう》の外《ほか》に仏なし。一念不生前後際断の当位を往《おう》といい、実相の真理現前の当位を生《じょう》という。

この一文は、白隠さん独特の修行者に対する檄《げき》文です。いつもこの調子で精進工夫をすすめられるのです。

まず、「大疑《たいぎ》のもとに大悟《たいご》あり」ということですが、これが禅の修行の基本構造です。悟りを得るためには、大疑が前提条件です。大疑というのは、ふつうの疑い、たとえば、この人はどういう人だろうかとか、これは一体何だろうとか、さらに人生とはいったいいかなるものであるかとかいうような、物を対象的な立場に置いて疑う、あるいは問うというようなのと本質的に違います。大疑の「大」という字は、大きなという意味よりも、疑いのかたまり、これを「疑団」といっていますが、疑うものと疑われるものが分かれていないような、疑いそのものをいうのです。よく「大死《たいし》一番」などというときの「大」も同じで、死ということが生の反対としての死でなく、生とか死とかを超えた死ですから、生きていながらの死、死んでも生きているような死です。いわば絶対死、永遠死ともいうべきものです。普通の死は死んだらすべての終わりですが、大死には大生が溢《みなぎ》っているのです。だから「絶後に再び蘇《よみがえ》る」といわれるのです。大疑も大悟を含んでいる。大悟が起こる寸前のところです。もう一息吹けばブッンと切れるほどに引き締められた満月のようになった弓の絃《つる》のような状態をいうのであります。

昔から偉大なる宗教的天分をもって生まれた人たちは、忙《ぼう》々たる日常生活の何気ない歩みのなかで、はたと人生そのものの意味に撞着《どうちゃく》し、いったいこのように笑ったり、話をしたりしている自分、太陽が昇れば顔を洗い、日が沈めば床に入って眠るこの自分は何者なのだろうかという疑問が全身を襲って、もうその先に進むことができなくなったと述懐されています。「退歩返照《たいほへんしょう》」とか「退歩就己《しゅうこ》」とかいうのであります。退歩返照という状態はそれまで思議粉迅してあの枝この枝と飛び回っていた鳥、あるいは本能の赴くままに情念奔馳《ほんち》していた林猿《りんえん》がはたと立ち止まって自分の所行を省みるようなものだといわれます。実際問題として鳥や猿にそんなことは起こるわけがありませんが、かれらのように忙しく立ち廻っている日常生活の人間には、時として襲ってくる虚無の感情というものがあり、それによって今までの事柄が一切意味なきものとなってしまう。そういう生活をさらに続けることはできないというところで行きづまってしまうということは、いくらでもありうることでしょう。

そういう人生上の大疑に直面する人こそさいわいなれというわけですが、宗教的天分に乏しい凡人には、やはり人生についての問いから始めるほかはありません。宋代に起こった看話禅《かんなぜん》（公案禅）は、いわば古人の撞着した大疑とその打破の因縁を、もう一度自分の上に再現し、古人の得た大悟という人生上の大転換をみずからの身体において追体験《ついたいけん》させようとするものであります。

白隠さんはそういう宋代の公案禅の方法を用いて迷える人々を正しい悟りへ導こうとされるわけです。自分というものの内容はいったい何物であるか、「心」であるか「性」であるか。どんな色をしたものか、果たして自分の本性は自分の外にあるか内にあるか、はたまたその中間にあるのかといったことを、しかと見届けよというわけである。そういう自分に対する疑問を四六時中間断《けんだん》なく反復しつづけるうちに、やがて平常のあれこれの妄想の浮かぶ領域を超え、前後左右も分からなくなり、男とか女とか、また賢とか愚とか、生きているとか死んでいるとかいう区別が消えてしまって、昼やら夜やら分からなくなり、身も心もなくなってしまったような心境になるという事態がしばしば起こるというのです。

そのとき恐れてはいけない。さらにずんずんと励み進んで坐禅工夫を続けるならば、いつの間にか自己本来の本心本性の有様を見つけることができ、真実の自己の姿、世界の姿がまるで太陽のように明々白々と現われ出る。そして生まれてこのかた味わったことのない大歓喜が煥発するというのです。

そのことを見性得悟の一刹那といい、往生浄土の一大事というのであって、その字の通り、自心の外に浄土なく（ゆえに唯心《ゆいしん》の浄土）、自性の外に仏なし（ゆえに己身《こしん》の弥陀）という極楽浄土が現前するというのです。

ところで、人々をそのような大転換に至らしめ大歓喜を味あわしめるために、白隠さんは一つの「公案」（坐禅を深めるため取り組む有効な課題）を考え出されたのです。それが「隻手《せきしゅ》の音《おん》声《じょう》」という公案であり、今日もなお臨済宗の道場において入門者に与えられる初関《しょかん》の問題であります。この公案について白隠さんは次のように書いておられます。

此の五六ケ年は思い付きたる事侍りて、隻手の声を聞届け玉いてよと指南し侍るに、従前の指南と抜群の相違ありて、誰々《だれ》も格別に疑団起こり易く、工夫励み進みやすき事、雲泥の隔てこれある様に覚え侍り。是に依って只今専一に隻手の工夫を勧め侍り。蓋《けだ》し隻手の工夫とは如何なる事ぞとならば、即今、両手相合せて打つ時は丁《とう》々として声あり、只《た》だ隻手を揚《あぐ》る時は音もなく香もなし。是れ彼《か》の孔夫子《こうふし》の謂《いわ》ゆる烝天《じょうてん》の事（『隻手音声《せきしゅおんじょう》』では上天の言）と云わんか、彼《か》の山姥《やまうば》が云いけん一丁空《いっとうむな》しき谷の響は無生音《むしょうおん》を聞く便り成るとは此等の大事にや。是れ全く耳を以てきくべきにあらず、思慮分別を交えず、見聞覚知を離れて単々に行住坐臥《ぎょうじゅうざが》の上に於て、透間《とうかん》もなく参究しもて行き侍れば、理尽き詞《ことば》究まる処に於て忽然《こつねん》として生死の業根《ごうこん》を抜黜《ばっぽん》し、無明の屈宅《くったく》を劈破《へきは》し、鳳《おおとり》、金網《きんもう》を離れ、鶴、籠《かご》を抛《なげう》つ底《てい》の安堵《あんど》を得《う》。

この一段に先立って白隠さんは次のようなことを書いています。

私は十五歳で出家し、二十二、三の頃には「趙州《じょうしゅう》無字」という公案によって大いに憤発され、二十四の春に高田の英巌寺で遠寺の鐘声を聞いて忽然として悟りをえたのであった。それ以来四十五年の間、私は門下の老若男女尊卑を択ばず、みな「自己」の公案あるいは「無字」の公案によって指導し、それなりに歓喜を味わった人は数十人にものぼると思う。ところがこの五、六年間、つまり六十三、四歳頃からこの隻手の声（片手の音）を聞けという公案を創案したのだ。

因《ちな》みに「無字」の公案というものについて紹介しておきますと、唐時代の中国に趙州従諗《じゅうしん》という禅宗の善知識がありまして、この人に向かって一人の修行者が、「狗子《くす》にも還《ま》た仏性《ぶっしょう》有りや」、犬にも仏さんと同じく素晴らしい本性というものがあるでしょうかと問うたのです。すると趙州が「無」と答えられた。これはどういうことであるかという問題です。お釈迦さまは、一切衆生は悉《ことごと》く仏性というものが備わっていると宣言せられているのに、なぜ趙州は犬に仏性がないといったのかという質問なのです。

この趙州の無を最初に掲げ、全部で四十八則の公案を集めて『無門関《むもんかん》』と名づけ、参禅者のためのテキストを作ったのは宋の無門慧開《えかい》という禅僧です。無門は趙州の無は「虚無の無でもないし有無の無でもないぞ」といって、修行者の二元分別心を取り払うのです。それでこの無字の公案に向かってわが国の禅僧たちも大いに苦労して参究したのです。いまも新参者に与えられる最初の公案です。それと同時にこの白隠の隻手の音声も与えられるわけですが、白隠さんは、自分の創出した「隻手の声」は従来の公案とは抜群の相違があって、疑団も起こりやすいし、工夫もしやすいと自薦されているわけです。

「両手相打って声あり、隻手に何の音声がある」というのが、師の弟子に対する問いです。修行者は、これに答えなくてはならない。答えといっても隻手には声も香りもないのですから、あれこれと説明することはできません。するとこの声はどうも耳で聞く声ではなさそうです。そうとなれば、思慮分別を交えず、見聞覚知という日常意識を離れて、ただひたすらに行住坐臥、つまり寝ても醒めても片手の声とは何かと参究するならば、理屈尽き言葉も失ってしまう処に至り、そこで忽然として生死の業根を抜き去り、無明の家を打ち破りて、まるで鳳凰《ほうおう》が金網を離れ、鶴が籠を出て大空に舞い上ったように大自在を得るというのです。

因みに、今日白隠さんのお寺、つまり原の松蔭寺の墓地にお詣りしますと、お察《さつ》婆さんの墓というのがあります。この察女《さつじょ》という人は十五歳で夫と死別し、翌年十六歳のとき父といっしょに初めて白隠に参禅し、四十六歳でこの世を去った薄幸の人でありましたが、白隠のもとで参禅したために、なかなかの女丈夫として愉快な生涯を送った人のようです。その察女《さつじょ》の歌とされているものに、「白隠の隻手《かたて》の声を聞くよりも　両手を打って商《あきな》いをせよ」というのが伝えられています。さて隻手の声か両手の商いか、われわれに課せられた公案であります。

二　動中の工夫は静中の工夫に勝る——『遠羅天釜』——

白隠さんの禅の特色の一つは、動中の工夫ということであります。一般に坐禅というものは静かな場所を選んで、静かに眼を閉じて坐ることと考えるのが普通であります。しかしながら白隠さんは、そういう坐禅には大変批判的です。そういう坐禅をする人を「黙照枯坐」といい、「鬼窟裡《きくつり》の活計」と罵倒されるのです。白隠さんのすすめる坐禅は日常生活のまっただなかにおける坐禅であります。そういう坐禅でないと日常生活でいざという場合の役に立たないではないかというのが白隠さんの考えであり、堅い信念のようであります。この動中の工夫ということについて、白隠さんが『遠羅天釜《おらてがま》』において述べておられるところがありますので写してみましょう。

『遠羅天釜』というのは、かなり長文の仮名法語です。この書は三巻より成り立っています。上巻は延享五年に鍋島摂津守相直《すけなお》に答えたものであり、ひろく禅の修行法について語り、また内観法についても述べています。中巻は遠方の病僧に贈った手紙で病中の用心、参禅の工夫、内観法などを説いたもの、そして下巻は、法華宗の老尼に贈ったもので『法華経』と禅宗の関係について述べたもの（延享四年）です。

なお『遠羅天釜続集』というものもあり、これには公案と念仏の優劣が手紙の形式で論じられています。遠羅天釜というのは、白隠さんが平素愛用されていた茶釜のこととされていますが、その序文にあるように、うっかりこの釜に近づきすぎると頭や額に大やけどをするぞとでもいわんばかりです。まことに「見易くして知り難い」のが本書の内容といわねばなりません。

さて動中の工夫ということについて次のように書いてあります。

往々に静中《じょうちゅう》の工夫は思いの外墓（捗《はか》）行く様に思われ、動中の工夫は一向に墓行かぬ様に覚えらるる事に侍れど、静中の人は必ず動中には入る事を得ず。偶《たま》たま動境塵務の中《うち》に入る時は、平生《へいぜい》の会所得力《えしょとくりき》は迹形《あとかた》もなく打失《たしつ》し、一点の気力無うして、結句尋常一向に心がけ此れ無き人よりは芥子計《けしばか》りの事にも動転して、思いの外に臆病なる心地《ここち》ありて、卑怯の働きも間々多き者に侍り。然らば則ち何を指して得力と云わんや。去る程に大慧《だいえ》禅師も動中の工夫は静中に勝ること百千億倍すと申し置かれ侍り。博山《はくざん》は動中の工夫成し上らざる事、一百二十斤の重擔《じゅうたん》を荷《にな》って羊額嶺頭《ようがくれいとう》に上《のぼ》るが如しと申されき。蓋《けだ》し斯《か》く云えばとて、静中を捨て嫌って、故意に動所を求め玉えと云うには非ず。只だ動静の二境を覚えず知らぬ程工夫純一なるを貴《たつと》しとす。所以《ゆえ》に云う。真正《しんしょう》参禅の衲子《のっす》は行《ゆ》いて行くことを知らず、坐して坐することを知らずと。中に就いて真実自性の淵源に徹底して、一切処に於て受用《じゅゆう》する底《てい》の気力を得んとならば、動中の工夫に越えたる事は侍るべからず。

白隠さんはわざわざつけ加えられています。自分は何も静中の工夫、つまり静かに坐禅をすることが悪いなどというつもりはないのだと。ただ静かなのをよいこととして、喧騒を避けることがいけないのでしょう。「動静の二境を覚えず知らぬ程に純一に公案工夫をするのが尊い」というわけです。しかし動中の工夫というものは、なかなかに容易なことではない。それは重荷を担《かつ》いで山を上るようなものであるというわけです。なぜそういうことをしなければならないかといえば、静寂主義的な坐禅ばかりしていると、いざ日常生活の中へ入ると何の役にも立たぬばかりか、かえって少しのことにも動転したり臆病になったり、場合によっては卑怯なこともしかねないというのです。そういうわけで、たとえ捗《はかど》らなくても、やはり動中の工夫をすべきだという教えであります。

この場合、白隠さんは、日常雑踏の中で工夫をなす人を大乗菩薩に、また静中に工夫をなす人を小乗の声聞・縁覚に見立てておられるようです。もう少し先を読んでみましょう。

譬《たと》えば茲《ここ》に何百両の黄金在らんを、人をして守護せしめんに、室を閉じ扉を鎖して、その傍らに坐し守りて、人にも取られず奪われずとて、中々《なかなか》気力在らんず者の手柄とも働きとも申さるべき事にし非ず。是れを二乗声聞の自了偏枯の修行に比す。又た一人《いちにん》在り。群盗蜂の如く起こり、凶党蟻《きょうとうあり》の如くに馳せ廻《めぐ》らんず中《うち》を、彼《か》の金を持して、何某《なにがし》の処まで送り届けよと命ぜられたらんに、彼の男、胆気《たんき》在って大剱を挾《はさ》み、脛《すね》高く褰《かか》げ、彼の金を取って棒頭に突き掛け打ち傾けて、一交もせで、彼の所へ送り届けて、少しも恐るゝ気力なくんば、天《あっ》晴《ぱ》れ甲斐々々しき働き大丈夫の気象とも賞歎すべき事《こと》なり。是れを円頓菩薩の上求菩提下《じょうぐぼだいげ》化衆生《けしゅじょう》の真修に比す。

これは大変面白い譬えです。つまり、黄金というのは正念工夫の志をいうわけですが、これを大切に守って、その番人となる人を静寂を尊ぶ小乗の比丘に喩えられたのです。それに対し、群がる盗賊の中を黄金を抱いて駆け抜ける男を大乗菩薩に喩えているわけで、その快刀乱麻を断つ勢いは全く頼もしき限りであります。そのくらいでないと煩悩多きこの世渡りはできない道理でありましょう。

夫《そ》れ蓮《はちす》は水中に咲ける華なる故に、火辺に近付くる時は、立処《りっしょ》に枯れ凋《しぼ》む事なり。然ればば火気は蓮には上も無き敵薬ならずや。然るに火裏より咲き出たらん蓮は烈火に向う程弥々《いよいよ》色香を増して麗わしかるべし。

白隠さんはいわれます。水の中で育った蓮《はす》は、火に近づけるといっぺんに凋み枯れてしまうが、火の中から生えた蓮ならば、火の燃えさかるほどに色や香を増すものだと、こういわれるのです。

ここで火というのは燃えさかる煩悩の火であろうと思います。そういう人間の偽りのない欲望の炎の中から咲き出でた菩提の華（悟）ならば、枯れることはないはずです。初めから涼しい悟りの池に咲いた菩提の華は、煩悩の火に近づいたとたんに枯れてしまいます。これでは日常の欲望の世界において何の役にも立たないお悟りであります。

われわれはもっと日常生活のなかで仏の心を育てておかねばならないでしょう。さもなければいざという時になって枯れ凋《しぼ》んでしまうような悟りしか手に入れることができないのです。われわれは日常生活のまっただなかで、しかも仏道を求めつづけるのでなくてはならないのです。そういうようにして求められたものこそ水に入って溺れず、火に入って焼けないところの宝物を手にすることができるというものであります。しかしまた同時に、

須《すべから》く知るべし、真正参禅の衲子《のっす》の前には、塵務《じんむ》なく世事なきことを。譬《たと》えば茲《ここ》に一人《いちにん》あらんに、往来絡繹《おうらいらくえき》たる巷《ちまた》、稠人広衆《ちょうじんこうしゅう》の中に於て、錯《あやま》って二三斤《ぎん》の金を遺落したらんに、人目しげしとして棄ててや置《お》くべき。物騒しとて尋ねやあるべき。多くの人々を押し分け、かいくぐりても、一回尋ね出して手に入らざらん限りは、心頭休罷すること能《あた》わじ。然らば塵務繁しとて参禅を怠たり、世事煩わしとて工夫を廃せん人々は、諸仏無上の妙道を以て、彼の二三片の黄金程には貴び惜まざる者に非ずや。

つまり、人生上の問題に撞着《どうちゃく》した人にとっては、日常生活はもはや問題にならないのです。日々の業務の中で、その隙間をぬって探し求めなくてはならないものがある。それをしないとならば、雑踏で落とした大金を探し求めないようなものでありましょう。それが人通りの多い雑踏のただなかであるゆえに、一層に真剣な気持ちで失った黄金を探し求めるのです。そういう意味では雑踏こそがよいのであります。山中ならば誰もこれを拾うものがありません。そのことがかえって落とし主の気持ちを弛緩させてしまうでしょう。かえって雑踏のなかにあればこそ落とし物に対する思いは強くなるというわけで、坐禅修行もまた山中でこれを行なうよりも、四条五条の橋の上がよりふさわしいことになりましょう。日常繁忙の中で修していく坐禅、これが動中の工夫というものだと白隠さんは平常禅を奨励されているのであります。

三　老いまさるほど励むべし――「某居士に与ふ手紙」――

昨今は老人の活性化が叫ばれる時代ですが、白隠さんもまた老人を激励する人であります。老人とて夢ゆめ油断せず精進努力すべきことを奨められた手紙がありますので紹介しておきましょう。

老僧幼年の時、至善に止まる事を求めて精錬刻苦するもの三年。一人《いちにん》と万人と戦うが如し。果して二十四歳にして工夫乍《たちま》ち打成一片の純一無雑、食息ともに忘れて、万里の層氷裡にあるが如く、身心ともに打失して大虚空の如くなるもの、動《やや》もすれば或《あるい》は三日、或は五日、一夜遙かに鐘声を聞きて、忽《たちま》ち大死一番、氷盤を擲砕《てきさい》するが如し、玉楼を推倒するに斉《ひと》しうして、忽然として打発して大歓喜を得《う》、涙痕連り飛ぶ。後来《こうらい》四十年間孜《し》々屹《きつ》々、終《つい》に空しく過す光陰なし。今歳古稀の馬年を歴《ふ》れども、身材健康、心神勇猛、気力は次第に二三十歳の時にまさりて、平生《へいぜい》を軽快すといえども、少しも以て足れりとせず、常に四弘《しぐ》の誓願輪に鞭うって飽くことなし。

この文章は、『白隠全集』第六巻所収の「鵠林尺牘《こくりんせきとく》」、つまり白隠さんの書簡集のなかの一つで「某居士に与ふ」と題された一文です。白隠さんは例によって自分の若い時の苦しい修行と、そこから打発した大悟徹底について述べられた後で、その後の人生の日々がいかに有意義にして充実したものであったかを語り、驚くべきことに七十歳の現在もなお二三十歳の青年時代の気力に勝るものがあり、それでもなお満足せず衆生済度《しゅじょうさいど》や自己の錬磨に鞭打って飽くことがないなどと書いておられます。もう一度右の文章を現代文に直して味わってみましょう。

私は少年の頃、最高の生き方というものを探し求めて三年の間、大いに艱難辛苦《かんなんしんく》の修行をしたものだ。その苦労ぶりときたら自分が一人で万人を相手に戦うようなものだった。果たしてその刻苦の極まった二十四歳のとき、公案工夫が熟して、自分が公案と一つになり、全く大疑の固まりになってしまった。食事することも寝ることも忘れてまるで万里立方の厚い氷に閉じ込められたようであったし、身心ともに失って虚空のただ中へ抛《ほう》り出されたようであったが、こんな状態が三日か五日は続いたろう。するとある夜遠くに鳴る鐘の音を聞いて大死一番の状態は、あたかも水がめにできた氷を大地に擲《な》げて粉砕したように、また立派な楼閣を推し倒したように、がらりと底の抜けるような体験をして大いなる歓喜を得てとめどなく涙が流れて仕方がなかった。

それから今日までの四十年間というものは孜《し》々屹《きつ》々として張りつめた生活ができ、一日たりとも無駄に過ごした日はなかったと思う。今年はもう七十歳という馬齢を迎えたが、身体は至って健康、精神も相変らず勇猛で、気力など二三十の頃よりもまだ盛んなくらいだ。それで毎日がいたって軽快であるけれども、それでも満足せず、菩薩の願輪に鞭打って、上求菩提下化衆生を続けているしだいだ。

とまあ、こういう意味ですが、七十歳の老白隠の意気軒昂ぶりが眼に見えるようではありませんか。そういうわけですから、老人だからといって気をゆるめることに対しては白隠さんの容赦なき叱咤激励が飛ぶのは当たり前でしょう。それで次のように喩しています。

老来なりとも怠り荒《すさ》み給うべからず。たとい彭祖《ほうそ》が八百の歳時を経尽し、浦島が長寿を保つも、誰か死せざる人のあるべき。惜しみても惜しむべきは、今生片時の光陰なり。是の故に永平の開祖の云わく、行持あらむ一日は貴ぶべきの一日なり、行持なからむ百年は恨むべき百年なりと。去る程に宣士《せんし》といえる人は、七十にして初めて学を好みて、博士の位にのぼり、脇尊者《きょうそんじゃ》は八十にして初めて道を求めて脇席に着けず、果して道果を成し給う。是のゆえに文殊大士の曰く、若し人静坐すること一須臾《いしゆゆ》すれば、百千無量の宝塔をつくるにまされり、宝塔は時あって壊滅す、静坐の功徳は尽《つ》くることなしと。静坐とは何ぞや。至善に止《とど》まらざれば静坐にあらず。経に曰く、此の経は持ち難し。若し暫くも持つものは、我《わ》れ即ち歓喜し、諸仏もまたしかりと。此の経とは何ぞや。黄巻赤軸《しやく》の謂《いい》にはあらず。諸仏無上の妙道なり。妙道とは即ち人々《にん》具足の心性《しんしよう》なり。彼の具足の心性をさして、かりに暫く至善と名づく。持つとは何ぞや。至善に止まるを云う。至善に止まらざれば、法華経の行者にあらず。誰かはからむ、至善は即ち諸仏無上の大禅定《だいぜんじよう》なることを。この旨を信受せむ人は、縦《たと》い今世《こんぜ》に打発せずとも、自己の八識田中《はつしきでんちゆう》に薫受《くんじゆ》し持ち去りて金剛を呑むが如く、此の縁因《えんゆ》にひかれて、生々、世々、三途《さんず》の悪処に堕せず、纔《わづか》に出頭し来らば、一聞千悟の人とならむと。是れ先徳の遺言にして、貴ぶべきの宝訓なり。相構えて老来なりとて打ち捨て給うべからず。老いまさるほど励み励むべくは至善なり。

いくら長寿を全うしたからといっても、人生の一大事が解決していなくては、時間ばかり長くて、道を成就した人の一日にもならないぞといわれるのです。そういえば、かの孔子にも

「朝《あした》に道を聞かば夕べに死すとも可なり」、人生の意義を納得《なっとく》するような立派な一言を聞くことさえできたなら、もう一日のいのちで沢山であるという箴言があったのを思い出されることでしょう。

ですから老人だからといって安心してはならない。どんな長寿の人にも、もう一つその先に死の事実が待ちうけている以上、その点において若者と少しも変らないわけです。だからこそ、七十、八十の老齢を迎えてから奮気一番、人生をやり直す人があるのでしょう。禅宗の方でも、唐代の趙州《じょうしゅう》和尚という人は、八十歳にして再び行脚《あんぎゃ》に出られた。これを「趙州の再行脚」といって禅宗では喧しくいわれております。八十にもなってというのが凡人の考えですが、趙州にとっての八十歳はまだ鼻たれ小僧であったのでしょう。そして実際、趙州という人は百二十歳まで生きられたというのですから、八十歳から始めても、充分間に合ったというわけです。逆にまた若いから、まだまだ早過ぎるというわけでもない。死ということは常に生とともにあり、死と距離をもった生などはどこにもないのです。

もっといえば、死のない生はありえないのであって、毎日毎日一瞬一瞬が生死の交叉であります。七十年生きるということは、したがって七十年かかって死ぬということに等しい。生まれたときから死というものはプログラミングされているといえます。決して突如として死が訪れるのではなく、ちゃんと身体の中に死への道程がセットされているのです。これをよく承知している人にとって、人生は死の方から逆算されている。だから死への覚悟（ともにさとるという字です）が決まっている人の人生は、丁寧で注意ぶかく、要するに充実しているということになるのであります。

さて白隠さんはここで至善に止まることを奨めておられます。至善とは人間として持っている本来の具足の心性だという、そしてそういう本来の心性を離さずに持ちつづけること、これが静坐にほかならないとの教えです。至善に止まるということは諸仏無上の大禅定であって、たとえ今の人生においてその功徳があらわれなくても、必ず来たるべき生においては一聞千悟《いちもんせんご》の人となるというわけです

老来だからといって遅すぎはしないのだ、老いまさるほどに励まねばならんという激励が、来世成仏を約束してしまうところ、白隠さんらしい乗りようではありませんか。

四　死の字に参ぜよ――『辺鄙以知吾』――

先に「死」の一大事ということを少し述べましたが、白隠さんはこの死の字に参ずるということについて「辺鄙以知吾《へびいちご》」という仮名法語において教えています。この「辺鄙以知吾」という奇妙な題の法語は、もと池田侯に宛てた手紙のようです。この書は内容が当時の幕政に関し、将軍家の事に及んでいるためか、幕府から禁書の扱いを受けたものといわれます。（陸川堆雲《りくかわたいうん》著『白隠和尚詳伝』三〇九頁参照）。

さて、白隠さんは次のように書いています。

若《も》し又、佗日《たじつ》参禅見性《けんしょう》の望み是あるにおいては、第一に死の字を参究し玉うべし。死の字は如何《いかに》参究すべきぞとならば、死し了《おわ》り、焼き了る時、主人公何れの処にか去ると、動中を嫌わず、静中をとらず、行住坐臥の上において間もなく疑わせ玉わば、一夜二夜乃至五日三日の中には、必定決定、大歓喜を得玉うべし。法要も多く、指南もおおかる中に、死の字は何とやら底気味あしく忌わしき事に思ほすべけれども、死字乍《たちま》ち透過是あるにおいては、いつしか生死の境を打ち越え、立処に金剛堅固、不老不死の大神仙とならせ玉う秘訣の指南にて侍《はべ》れば、かほど目出度き法要は是あるべからず。死の字は、第一武士の決定《けつじょう》すべき至要なり。死の字を参究せざらむ武士は、身心ともに怯弱《きょうじゃく》にして主心終《つい》に定まることあたわず。ここはの大事の場になりては、思いの外に臆病未練にして、主人の専途《せんづ》に立つこと能《あた》わず。是の故に云う、驚怖みだりに起こるは、主心定まらざる故なりと。縦《たと》い平生武術を精錬して太刀は九郎、鎗は真田ほどつかい得たりとも、主心定まらざる人は、まさかの時に臨みて、おくれふるえて、一向役に立つこと能わず。然らば則ち万能にすぐれたるは主心なるべし。若しそれ主心を定めんとならば、専一に死の字を決定し玉うべし。死の字纔《わず》かに決定する則《とき》は、主心定まり立つこと磐石《ばんじゃく》などをゆり居えたるが如しと謂いつべし。厚重山の如く、寛大海の如しと。死の字纔かに決定したらん人は、見性得悟の一大事は掌上を見るが如けん。

葉隠《はがくれ》武士道の家訓に「武士道とは死ぬことと見つけたり」というのがあるようですが、まこと真剣を交えて戦うものにとって、死を怖れていては話にならないでしょう。白隠さんもどうやら池田の殿様を相手に潔ぎよき死に方を説き、これが武士たるものの第一に決定すべき至要であると述べています。

しかし、これを単に堂々とした死に方の指南として受け取れば、禅は死の商人のようにも見え、それは決して好ましい宗教者の態度ではないといえます。たしかに戦時中において、禅者たちが勇猛果敢な死にざまを教えたふしがありますが、平和なわれわれの時代にこのことについて深く反省しておくことが大切であろうと思います。

実際には禅僧が死を口にする場合は、そのような臨命終《りんみようじゆう》の覚悟について述べているのではないはずです。それはもっと平生の覚悟というものを決定的にするため、つまり堂々とした人生を生きるために必要な死の自覚のことであります。かつて明治の俳聖正岡子規が「私は今まで禅を平気で死ぬためのものかと思っていたが、いま、禅は平気で生きることだということに気がついた」というようなことをどこかでいっています。これは禅と死の教育をよくいい当てていると思います。

先にも述べましたように、真実の生き方というものが確立するためには、どうしても、この生が死とともにあるという事実の身体を挙げての確認をする必要があります。

唐代の兜率《とそつ》和尚は、参禅のためにやってくる修行者に対し、つねに次の三つの問いを発したといわれます。

撥草参玄《ばつそうさんげん》は只《た》だ見性を図る。即今、上人の性《しょう》甚《いづ》れの処にか在る。（修行の目的は自己の本性を見とどけることである。ただいまあなたの本性はどこにあるか）。

自性を識得すれば、方《まさ》に生死を脱す。眼光落地の時、作麼生《そもさん》か脱せん。（自己の本性を見とどけさえすればもう生死を超えてしまうのだ。それではあなたが愈《いよ》々死ぬときどのようにそれを超えるのか）。

生死を脱得すれば便《すなわ》ち去処を知る。四大分離して甚《なん》麼の処に向かってか去る。（生死を超えたならば、もう行く先は分かっているはずだ。あなたは身体が滅びて、どこに行くのか）。


これがいわゆる「兜率《とそつ》の三関」といわれるものです。要は修行の目的は本来の自己、真実の自己を徹見することであり、それによって生を超え死を超えることでなくてはならないのです。白隠さんも「死し了《おわ》り、焼き了る時、主人公何れの処にか去る」と四六時中休むことなく疑い尽くしていけば、四五日のうちには大歓喜を得ること必定であるといっているところであります。「死字乍《たちま》ち透過是れあるにおいては、いつしか生死の境を打ち越え、立処に金剛堅固、不老不死の大神仙とならせ玉う」といわれているように、死の解決は不老不死の永遠なる生命（神仙）の発見であって、決して死への覚悟などというものではないのであります。

今日、われわれは生き甲斐の喪失ということを申しますが、これこそほかならぬ死の忘却によるものであります。中世ヨーロッパに「メメント・モリ（死を憶《おぼ》えよ）」という箴言がありますが、この死の事実を忘れて充実した生を全うすることは不可能であるということでしょう。

そういう点でいえば、現代人は余りにも死から遠のいているといえます。死を見えないようにしているといってもよいでしょう。上智大学のA・デーケン教授は、死の抑圧は生そのものの衰弱と表裏一体であるといい、三点から生の衰弱を説明しておられます。

第一は思考の貧困です。つまり人類の精神史を通じて、死への考察は常に創造的思考のもっとも強力な刺激剤であった。来たるべき死に思いを馳せる者は、平凡な日常生活や単なる機能的な思考から引き離され、生と死の神秘、人格的出遇いの意義などの問題に正面させられるのです。禅でいう「生死事大」ということです。第二に時間意識の稀薄《きはく》化であります。死への意識はわれわれに時間の貴重さを悟らせます。このことを禅でも「無常迅速」といって警告するのです。第三は、デス・エデュケーションの欠如であります。つまり「死について教えること」でありますが、そこには来たるべき死への準備と時間をかけて死を磨きあげる「死の芸術」という発想があります。今日のわれわれの生活では死を忘れ、死を思わぬようにする傾向がつよいわけであります。そのことが結局生の衰弱につながって、生き甲斐を喪失せしめているといわなくてはなりません。そういう点から、白隠さんの「死の字に参ぜよ」を改めて思い起こす必要があろうと思います。

五　勇猛精進せよ――『遠羅天釜』――

白隠さんの禅教育の特色の一つは、勇猛心をもって参禅工夫せよということです。それは見方によっては苦行主義・修錬主義に近い熾烈な行法であって、なまやさしい静寂主義ではありません。たとえば『遠羅天釜《おらてがま》』のなかに次の一節があります。

如何にして真正《しんしょう》の得悟は得《う》ることぞとならば、塵務《じんむ》繁多、世事紛然、七顚八倒の上に於て、譬えば勇士の大敵に取り囲まれたらん時に、匹馬《ひつば》単鎗《たんそう》、大勇猛《だいゆみょう》の精神を震《ふる》って一方を突き破って魁《さきが》け抜んず時の心持にて、正念《しょうねん》工夫絶えずりもなく、精彩を付け手脚の下すべき様も無く、四面空洞として、心身ともに消え失せたる心地は、時々に是れ在るものに侍《はべ》り。此《この》時《とき》恐怖を生ぜず、はげみ進み侍れば、一旦の得力は間も無く豁然《かつねん》たる者に侍り。総じて参学は妄念情量と戦い、昏沈睡魔と戦い、動静違順と戦い、是非憎愛と戦い、一切の塵境と相戦い、正念工夫を推し立てもて行く張合《はりあい》にて、不慮の省覚は此れ有ることに侍り。彼の勇施《ゆうせ》菩薩の如きは大重禁を侵し、懺悔すべきに地なし、憂悲悩乱す。乍《たちま》ち自ら大誓を発し、憂悩と戦って黙坐す。忽然《こつねん》として無生を悟る。雲門《うんもん》大師は睦州《ぼくしゅう》に左脚を逼折《ひっせき》せられて大悟し、蒙山《もうざん》の異《い》禅師は、痢疾《りしつ》に患ること昼夜百次、身体苦しみ疲れて前面唯だ死あるのみ。此に於て大誓願を起し、苦痛と戦って死坐す。少焉腸大《しょうえんしょうだい》に鳴動すること数回、痢疾は拭う如く平愈し大いに得所在り。大円国師の如きは、華園《かえん》に入って聖沢《しょうたく》の庸山《ようざん》老師に謁《えつ》して所見を演《の》ぶ。山《さん》、漫罵《まんば》して打って追い出す。師、憤然として煩暑の日、竹林の中に入って寸絲《すうし》かけず、裸行《らぎょう》にして枯坐す。夜に入って蚊子《ぶんす》百万競い来って身上に集まり圍《かこ》んで肌を咬《か》む。此《ここ》に於て痾痒《あよう》と戦って歯を切り拳《けん》を握って凝坐《ちざ》す。正気を打失せんとするもの殆《ほと》んど数次、図らず豁然《かつねん》として契悟《けいご》す。昔、調御雪山《ちょうごせっせん》に於て苦修六年、皮骨連離、芦芽《ろが》膝《ひざ》を穿《うが》って臂《ひじ》に至り、慧可《えか》は臂を断って自の本源に徹し、玄沙《げんしゃ》は泣く泣く象骨を下って喫顛《きってん》して左脚を破って徹骨徹髄し、臨済は痛棒を喫して破家散宅す。是れ古今の榜様なり。三世古今《さんぜここん》の間《かん》に見性《けんしょう》せざるの仏祖なく、見性せざるの賢聖なし。

ここでは、禅の修行がどのような精進努力を必要とするものであるかということ。それはもうすべてのものとの戦いでしかないということ。そして、もしこの荊棘林《けいきょくりん》を血みどろになって突き抜けるならば、必ず大安楽の境に出ることは疑いないということが説かれているわけであります。

ここに引用した文章は古来より禅宗で喧伝されている禅僧たちの辛苦の物語ばかりですが、読者の方のために説明してみましょう。まずどのようにすれば悟りというものを得ることができるかについて述べられています。

それは日常生活のこの多忙のただ中であたかも四面楚歌《しめんそか》の聞こえてくるなかを一頭の馬にまたがって単身で駆け抜ける勇士のように、寸分の油断なくまっしぐらに突き進まねばならないというわけです。よく「馬上に人無く、鞍下《あんか》に馬なし」などといわれますが、走る馬と騎《また》がる人とが渾然一体となって駆ける様子をいったもので、馬と人とが別々でなくて一つの固まりになるということでありましょう。

禅の修行でいいますと、人生上の生死にかかわる大問題に撞着《どうちゃく》した人にとっては、それがどういう問題であるか、どうすれば解決できるかというようなことを考える余裕がないのがふつうであり、自分と問題とが分かれているようでは、そもそも、課題が本当に課題となっていないのであります。先にも述べましたが、「大疑」という場合、この「大」という字は疑う人と疑われる人が一つになってしまっているような疑いのことであって、だから「疑団」、つまり疑いのかたまりというように呼ばれるのです。

そういう状態になれば、もう疑いは疑いでなくて人間としては一つの死を意味するので、「大死一番」ともいうのであります。生きながら死んだもののごとくになる。そこまで疑いが深まることであります。白隠さんの場合、ここでは与えられた公案に向かって、これを「本参の話頭」というわけでありますが、この与えられた問答（話頭）に参じるとき、修行者は話頭と一体になって不退転の勢いをもって突き進まなくてはならないのです。そのことを白隠さんは「正念《しょうねん》工夫絶えずりもなく」といわれているわけで、そういう状態が進んで精彩を加えていけば、世界も四面空洞の空漠状況になり、手や脚のつける場もなくなってしまうというのです。

そういうように身心ともに消えうせてしまうような状況は、問題と真剣に取り組む人にとってまま起こるものだと白隠さんはおっしゃるのですが、そう簡単なものではないでしょう。臨済は「山僧往日未《そのかみ》だ見処有らざりし時、黒漫漫地なりき。光陰空しく過ごすべからず、腹熱し心忙しく、奔波《ほんぱ》して道《どう》を訪いぬ」（『臨済録』示衆《じしゅう》）、つまり、この自分もまだ悟りを得なかった頃は世間がまっ暗やみであった。時間はたつばかりだし、腹はにえたぎる思いで心は急ぐし、じっとしておれずあたふたと駆けめぐって道を求めたものだという意味でしょうか。ここでいう黒漫漫というのが、四面空洞と同じでありましょう。白隠さんは別のところで「万里の層氷裡《ひょうり》に坐す」といっています。つまり、万里四方の氷の固まりに閉ざされたようで、眼に見えていて何とも動けないという状況であったというのです。この「大死一番」の状況こそ悟りの前提条件なのです。そういえばキリスト教の神秘家である十字架の聖ヨハネも「魂の暗夜」ということをいっています。神と合一に至るにはどうしても一度この魂の暗夜を通らなくてはならないというのですが、やはりそれは人間としては一種の死を意味するようであります。

死という象徴を用いねばならぬほどにこの状況は恐ろしいもののようです。それで白隠さんも、「この時恐怖を生ぜずはげみ進み侍れば」といわれるのでしょう。どうしてもこれを突破しなければならぬ。ここで退いては元の黙阿弥になってしまうのであります。「突破」ということの困難さと重要さは古今東西の神秘家の一致して教えるところであります。そうすれば、必ず「豁然《かつねん》たるものに侍り」というところに出るのでしょう。

「総じて参学は妄念情量と戦い、昏沈睡魔と戦い、一切の塵境と相い戦い、正念工夫を推し立てて行く張り合いにて不慮の省覚はこれ有ることに侍り」といわれるように、この突破は「戦い」の一語に尽きるようであり、そこから思いがけなく自分の力を超えて、向こうから悟りが開けてくるというわけでありましょう。

大罪を犯して憂悩した勇施《ゆうせ》菩薩はその罪について憂悩したために無生《むしょう》を悟り、雲門大師は睦州道明《ぼくじゆうどうみよう》（陳尊宿《ちんそんしゆく》とも）に参じ、いきなり山門を閉められて左脚を折られたときに悟り、蒙山《もうざん》の徳異禅師は赤痢を患って死に直面したお陰で大悟するに至ったのであり、わが国の愚堂《ぐどう》東寔《とうしよく》禅師は素っ裸になって薮に入って坐禅し、蚊に喰われながら歯を食いしばって坐禅し、ほとんど気絶しそうになったところで大悟し、仏陀釈迦牟尼も雪山に入って苦行六年の生死の境をさまよって大覚に至り、禅宗二祖の慧可《えか》大師は雪中みずからの臂《ひじ》を切って達磨の前に立ちつくし、ついに安心《あんじん》を得たし、玄沙師備《げんしゃしび》は失望して雪峰禅師の山を下るとき転倒して左脚を折って真理に徹し、臨済禅師は黄檗《おうばく》禅師の三十棒をくらって仏法の真髄を会得したという。これらの人々はみな、生のギリギリ、死の一歩手前のところまで突き進んでいったために大安楽の境涯に躍り出たのであります。このように努力した人々にして悟りを得なかった人は決してなかったのだという白隠さんの親切な教訓であります。

ここで想い起こすのは、白隠さんが常に語って聞かせた山梨平四郎（了徹居士《りようてつこじ》）の参禅物語であります。山梨平四郎は後に白隠和尚に参じて印可を得た在家の居士で、白隠門下の俊傑のことを書いた『荊棘叢談《けいきよくそうだん》』のなかに名を連ねている人であります。その一段（漢文）を訳してみましょう。

山梨平四郎という人は了徹居士といって廬《あん》（庵）原《ばら》地方の豪族であった。巨万の富を蓄え、性格も豪爽であったから酒色を好んで毎日を歓楽のうちに送っていた。ある晩春の一日、一族郎党を引きつれて黄龍湫《おうりようしゆう》（伊佐布《いさふ》の北滝）に遊んだ。子女たちが花摘みなどしているので、平四郎は独りで滝壺のところにやってきてぼんやりと水の行方を眺めていると、滝壺に落ちて流れる泡が流れ、あるものは少し流れてなくなり、あるものはまたしばらく流れてから消えるのであった。平四郎は忽ちにして無常を感じた。ああ人生もまたこの泡のように人によって寿命に長いもの短いものがあるのだと思うとにわかに悲しくなった。それで早速に駕《かご》を飛ばして家に帰ってしまったのである。すると偶《たま》たま、童子が「沢水法語《たくすい》」（沢水長茂《ちようも》禅師の法語）を読んでいるのが聞こえた。「若《も》し人仏道を成ぜんには、先《ま》ず須く見性《けんしよう》すべし。勇猛《ゆみよう》の衆生のためには成仏一念に在り、懈怠《けたい》の衆生のためには涅槃三祇《ねはんさんぎ》に亘《わた》る」と聞こえた（勇猛精進すれば一念で仏に成れるが、怠けていては永遠に仏に成れないという意味）。平四郎はこれを聞いて、もしそれが本当ならば、自分のようなのろまでも叱咤鞭励してみたいものだと考えた。

その夜平四郎は室（浴室という）を閉じて坐禅を始めた。妄想と戦い全身に汗を流しながら坐りつづけた。五更《ごこう》（夜明け頃）に至って意識が蘇った。すると白くなった窓の隙間からしきりに雀の声が聞こえてくる。平四郎は外に出る。外界は昨日までと全く異なって見える。平四郎は白隠さんに出会って聞いて欲しいと思い駕籠《かご》に乗って薩埵《さつた》坂を越えたが、その峠で駕籠の戸を開くと田子の浦が一望でまるで一幅の画のように見えた。このとき平四郎は覚えず爽然自失、大歓喜を得た。白隠に相見して心境を点検してもらうと、すべてスラスラと解けるのであった。白隠は「汝、大いに徹せり」とその悟境を証明された。後に世間の人は、了徹のような男は石鞏《せっきょう》（唐代の禅者、猟師から出家した石鞏慧蔵《せっきょうえぞう》）以来この人だけだといった。

この平四郎の物語は、いまも臨済宗の専門道場ではしばしば読まれる一段であり、勇猛精進の模範とされるものであります。白隠禅の特色は、やはりこのように、「勇猛の衆生は成仏一念にあり」というところにあるのであります。

第四節　病床の友へ

一　内観の法――『夜船閑話』序――

白隠さんは生まれつき虚弱の人で、三歳にして初めて立ち上がることができたと『年譜』にも特記され、立つことができたときの嬉しさについて、いつまでも人々に語られたとあります。しかも蒲柳《ほりゆう》の質の人にありがちな強靭な精神力の持ち主でありましたから、あれほどに猛烈な坐禅修行はよほど身体には無理であったと思われます。それが第一章で見たように二十六歳のときの大病となって結果したのでしょう。十二の凶相から推して今日でいう肺結核ではなかったかと思われる症状ですが、またノイローゼではなかったかという見方もあります。とにかく、医者も手を拱《こまね》くほどの重症であったことは間違いないようです。

結核ということでいえば、白隠さんより少し前に当たる盤珪禅師にもひどい肺結核と痔病に侵されながら、命がけで坐禅修行をされた記録があります。ここで盤珪さんの病をおしての修行ぶりの一端を紹介しておきましょう。（岩波文庫『盤珪禅師語録』一九六六年版、四六頁以下。原文のまま）

あまりに身命《しんみよう》をおしみませず、五體《たい》をこっかにくだきましたほどに、居しき（尻）が破れまして座するにいかふ難儀致したが、其頃《その》は上根《じようこん》（修行熱心なるもの）にござって、一日《いちじつ》も横寝《おうちやく》などは致さなんだ。然れども、居敷が破れていたむゆへ、小杉原（和紙）を一状

（帖）づゝ取かへて鋪《しい》て座しました。其ごとくにして座しまさねば、中〳〵居敷より血が出いたみまして、座しにくふござって、綿などをしく事もござったわひの。それ程にござれども、一日一夜も終《つい》に脇を席に附けませなんだわひの。其数年《そのすうねん》のつかれが、後に一度に発《のぼ》りて、大病者に成まして、彼《かの》明徳（盤珪さんはもと儒教でいう「明徳」の意味に疑問を抱いて坐禅を始めた）はすみませず、久しう明徳にかかって、骨をおりましたわひの。

それから病気がだん〳〵次第におもって、身が弱りまして、後には痰《たん》を吐ますれば、おやゆびのかしら程なる血の痰がかたまって、ころり〳〵とまん丸に成て出ましたが、或とき痰を壁にはきかけて見ましたれば、ころり〳〵とこけて落ちる程に、ござったわひの。此《この》とき庵居《あんきよ》で養生せよとみな申《もうす》によって、庵居しまして、僕《しもべ》一人つかふて煩ひ居ましたが、さん〴〵病気が指《さし》つまりて、ひっしりと七日程も、食物が留り、おもゆより外は通りませいで、それゆへもはや死ぬる覚悟をして、思ひましたは、はれやれ是非もなき事じゃが、別而残《べっしてのこり》多事《おおきこと》も外にはなけれども、唯平生《ただへいぜい》の願望が成就せずして、死ぬる事かなとばかり思ひ居ました。おりふしにひょっと一切事《いっさいじ》は、不生でとゝなふ物を、今まで得しらひて、扨《さて》々むだ骨を折た事かなと思ひ居たで、漸《やうやう》と従前の、非をしってござるわひの。

又それから、気色がはっきりとして、よろこばしう成て、食きげんが出来、僕をよびまして粥をくらふ程にこしらへよと申たれば、今まで死かゝって居た人の、不思議な事をいはるゝと、僕もおもひなから、悦びまして其まゝいそぎふためいて、粥をこしらへ、少しなりともはやく喰せうとおもひ、まづ、粥をくはせましたが、まだろくにも煮へませぬ、ぼちつく粥をくはせましたが、かまはず二三椀たべてござれども、あたりも致さず。それより段々快気いたし、今日まで存命《ながら》居まする事でござるわひの。

盤珪さんのいわれていますように、もはや死ぬのを待つばかり、いや死んでも残り多いことはないが、ただ、人生の一大事である「明徳」ということの完全解決だけは見て死にたいと、病をおして坐禅工夫されるところは、実に凡人に真似ることのできない意志の強さというべきであります。古来、禅僧の伝記にはこれに似た話は枚挙に遑《いとま》がないのであります。そして白隠さんにおいてもまた然りであったわけです。

ところが、白隠さんの場合少し違っているのは、やはり白隠さんは合理的な人というのでしょうか。医術というものに対する期待というものが見えるのです。もちろん、単なる術としての医ではありませんが、仏法と通じるような医方というものを正しく実践して身体を回復させようとする理論的な面があったと思われます。

二十六歳の白隠さんは、医者に見放されるような重病を得て、「坐《いなが》ら朽腐を待たんよりは、無乃《むしろ》妙手を尋ねて以て治を求めんか」（このままじっと死ぬのを待つよりは、やはり名医を訪ねて治療をすべきではないか）と考えていたのですが、たまたま美濃（岐阜市岩崎）の霊松院に行くと、ある人が洛東白河の山中に白幽真人《はくゆうしんじん》という人がいて、医に精《くわ》しく仙に通じていると教えてくれたのです。この人は、平素はほとんど魯訥《ろとつ》の如く口を開かず何を聞いても「我れ知らず」と答えるだけで「冗談《じょうだん》ばかりいって人を笑わせているが、あなたが真剣に頼めば、憐れみを見せてくれるに違いないということでありました。白隠さんは早速、洛東に白幽子を訪ねます。その厳窟の模様や白幽真人との面会の内容について白隠さんは『夜船閑話《やせんかんな》』上巻に詳しく述べておられます。白幽真人は白隠さんに中国陰陽道《おんようどう》の思想に基づく天地宇宙の成立や人体の構成原理である地水火風の運行の秩序などについて説いて聞かせ、いわゆる「内観の法」というものを伝授したのであります。それともう一つ「輭酥《なんそ》の法」というものを授けられたのです。この輭酥の法も白幽子のもとで伝授されたものといわれています。それについては後に説明いたします。

研究者のあいだでは、内観の法も輭酥の法も、実は白隠その人によって創作された養生法ではなかったかという向きもあります。いや、かの白河の白幽真人そのものも甚《はなは》だ怪しい存在であり、白隠さんの『夜船閑話』の記述も少し神異に満ちすぎているし、白幽子と白隠さんとの出遇いの年代にも無理があるとされています。白隠さんの『年譜』を書いた東嶺《とうれい》は、一応白幽子の存在を認めつつも、白隠さんが『夜船閑話』で白幽真人が三百歳であったと書いてあるのは記憶の間違いであろうと註しています。

そういうわけで、白幽子は全く虚構の人であるという説、実在の人物だが、白隠さんのいうほどに神仙の人でもなかったのではないかという説、白幽子は実在したが、白隠さんはその人に出遇っていないという説、白隠さんは実際に白幽子に出遇ったという説など諸説紛々のようです。

しかし大体似たような人が居て、白河の山中に隠遁していたということはあったらしい。陸《りく》川堆雲《かわたいうん》氏の研究（『白隠和尚詳伝』三五四頁以下参照）によると白幽子の姓は石川、名は慈俊《じしゅん》。松風窟と号し、石川丈山の弟子であった石川克《かつ》の弟であるという。正保二年武蔵国に生まれ寛文元年十六歳で北白河の山中に入り、住することおよそ四十八年。石川丈山の教えも受けたらしい。宝永六年秋七月、誤って谷に墜ちて病を発し、同月二十三日に歿したとあり、生前かなりの教養もあり、墨蹟等も残されていて土地の人々に尊敬を受けたので、その名は遠近に聞こえていたようであります。

白隠さんがこの白幽子を訪ねたというわけですが、『年譜』ではその歳が宝永七年（二十六歳）であり、それは白幽子の死の翌年に当たるので、どうもこの点は事実ではないようです。

そういうことから加藤正俊氏は、この内観法や輭酥の法は、白隠さんが三十一歳の春三月に濃州《のうしゅう》巌滝山《いわたきやま》（岐阜県美濃加茂市山之上町）の山中に籠ったとき、内典・外典や当時民間に伝承された養生法の中から編み出し、自らの禅病に実習実施してその効果に自信を持ち、たまたま洛東白河の辺りで伝聞した白幽子の事蹟に仮託して、『夜船閑話』として発表したものではないかとされています。（加藤正俊著『白隠和尚年譜』二十四頁参照）。

なにはともあれ、白隠さんの著作の中でも特に異色の作品とされる『夜船閑話』には、門下の弟子たちが坐禅工夫《くふう》に疲れて病を得るに間違いなかろうと考え、その病からの健全な脱出法を教えようとした白隠さんの暖かい心情がよく吐露され、実際これによって、多くの修行者たちが救われたのであります。

まず、『夜船閑話』から「内観の法」を読んでみることにしましょう。まず原文を写してみます。

若是《もしこれ》参禅弁道の上士《じょうし》心火逆上し、身心労疲し、五内《ごだい》調和せざることあらんに、鍼灸薬《しんきゅうやく》の三つを以て是を治せんと欲せば、縦《たと》ひ華陀扁倉《けだへんそう》といへども、輒《はや》く救ひ得ること能《あた》はじ。我に仙人還丹《げんたん》の秘訣あり、你《なんじ》が輩《ともがら》試に是を修せよ。奇功を見ること、雲霧を披《ひら》いて皎日《こうじつ》を見るが如《し》けん。若し此秘要《このひよう》を修せんと欲せば、且《しば》らく工夫を抛下《ほうげ》し話頭を拈放《ねんぽう》して先《まず》須《すべから》く熟睡一覚すべし。其《それ》未だ睡《ねむ》りにつかず眼を合せざる以前に向って、長く両脚を展《の》べ、強く踏みそろへ、一身の元気をして臍輪《せいりん》気海《きかい》、丹田腰脚《たんでんようきゃく》、足心の間《かん》に充たしめ、時々に此観を成すべし。我此の気海丹田、腰脚足心、総に是我が本来の面目、面目何の鼻孔《びくう》かある。我が此の気海丹田、総に是我が本分の家郷、家郷何の消息かある。我が此の気海丹田、総に是我が唯心《ゆいしん》の浄土、浄土何の荘厳かある。我が此の気海丹田、総に是我が己身の弥陀、弥陀何の法をか説くと、打返し〳〵常に斯《か》くの如く忘想《もうぞう》すべし。妄想の功果つもらば、一身の元気いつしか腰脚足心の間《かん》に充足して、臍下《せいか》瓠然《こぜん》たること、いまだ篠打《しのう》ちせざる鞠《まり》の如けん。恁麼《いんも》に単々に妄想し将《も》ち去て、五日七日乃至二三七日《ごにちしちにちないしにさんしちにち》を経たらむに、従来の五積六聚《ごしゃくろくじゅ》、気虚労役等の諸症底を払《はら》って平癒せずんば、老僧が頭《こうべ》を切り持ち去れ。

白隠さんは、つねに門下の修行者たちにこのように教えられたというのです。そこで弟子たちがそれぞれ密かにこの内観の法を実践したところ、ことごとく不思議の効果があらわれ、精進の仕方によって早い遅いの差はあったが大体において病は全快したといい、皆の者が内観法の奇功を讃美してやまなかったと伝えております。

さて、右に引用したところを説明してみますと、およそ内容的に三段に分かれると思います。まず第一段において、白隠さんは、この内観の法というものが他のいかなる医術にも勝るものだとされているのです。いわゆる鍼灸というものは今日でもその効力が見直され現代医学と並んで人々の間に行なわれておりますし、この東洋医学への関心は今後ますます昂まっていくことでしょう。しかるに白隠さんは、そういう東洋医学というか漢方医術というものでは、華陀《けだ》とか扁倉《へんそう》とかいうような漢方の名医でさえも、癒《いや》すことができないといわれるのです。白隠さんの場合、病気は「心火逆上、身心労疲、五内不調」というような症状の病であり、要するに頭が熱く脚が冷たく、身体も精神も疲労困憊し、五内すなわち心の中が不調和をきたすのですから、精神的な病のようであります。もし身体的な病であったならば、死に瀕したような病人が美濃から洛東まで行くことさえできなかったはずで、これはやはり強度のノイローゼではないかといわれております（陸川堆雲著『白隠和尚詳伝』三五三頁参照）。どうも古来より禅僧のなかには強度のノイローゼにかかる人が多いようです。中国禅宗三祖の僧璨《そうさん》などは「大風疾《だいふうしつ》」であったと伝えられていますが、これはかなりひどい気の病であったようです。

ともかく、白隠さん自身の体験からして、いわゆる坐禅病なるものの治療法を示されたと見るのがよいと思われます。そしてこの内観の法を修すれば、その効果は雲や霧を払って太陽を見るようなものだと断言され、もし効果がなかったならば自分の頭を切って持って行くがよいとさえ明言せられております。

さて、次の段では一つ驚くべきことがいわれているのです。盤珪《ばんけい》さんの場合だと、病を物ともせず坐禅で突き破るようなところがありましたが、白隠さんの場合は、いったん坐禅を完全中止して、ぐっすり熟睡することを奨めるのです。この点、実にはっきりと病に対する対処を考えておられると思います。ぐっすりと眠ってはっきりと眼を覚ますのが一番だというわけです。修行者たちは白隠さんに「先ず須く熟睡一覚すべし」といわれただけでもう治ったような気になったのではないでしょうか。猛烈な坐禅修行をせよ、「勇猛《ゆみよう》の衆生は成仏一念にあり」と鞭打たれていた弟子たちにとって、「且《しばら》く（坐禅）工夫を抛下《ほうげ》し話頭（公案）を拈放《ねんぽう》して先づ須く熟睡一覚すべし」という諭しのことばは、むしろ思いがけないことであったに違いありません。そういうところがいつも白隠さんにはあるように思われます。たとえば東嶺というような真面目な弟子にも平素は強がりをいっているかと思うと、お前がいなくてはどうにもならないと平気で泣き言を書いて寄こすような人であり（『白隠和尚全集』第六巻、四九三頁「東嶺和尚に与う」手紙参照）、そこに白隠さんの優しさが見えてくるのです。

さて、内観の法ですが、いよいよ横になって睡眠《すいめん》に入る前に、両脚を八の字に展げ、つんと延ばして大地を踏むようにし、身体中の気を、臍《へそ》の下にある気海や丹田、腰脚、さらに足の裏の土踏まずに集め、そして次のように想念するのです。自分のこの気海丹田、腰脚足心こそは俺の本来の面目（真実の自己）である。それはいったいどんな姿をしているか。自分のこの気海丹田は俺の住むべきはずの本分の家郷である。それはどういう状況になっているか。自分のこの気海丹田こそは極楽浄土そのものである。それはどのように素晴らしい景色であるか。自分のこの気海丹田こそ弥陀如来そのままの姿である。それはいまどのような説法をしているか。そういうことを何度も何度も繰り返して想念せよというのです。するとしだいに効果があらわれて、臍《へそ》の下にまるで手鞠のように元気が充満する。こういうことを五日、一週間、二週間、三週間と続けて実践していくと、それまでに積もりたまっていた気虚、労役などの症状がすべてなくなって、病はしだいに平癒すること請け合いである、といわれるのであります。

ところで、この内観の法の効果のようなことについて『遠羅天釜《おらてがま》』巻之上に鍋島侯へ宛てた書簡の中でも次のように述べてあります。

総じて一切の修行者、精進工夫の間《かん》に於て心掛悪しく侍れば、動静《どうじよう》の二境に障へられ、昏《こん》散《さん》の二辺に隔てられ、心火逆上し、肺金痛み悴《かじ》け、元気虚損して難治の病症を発するも、間々多き事に侍り。又、内観の真修に依りて能《よ》く々修錬いたし侍れば、至極《しごく》養生の秘訣に契つて、心身堅剛に気力丈夫にして、万事軽快に、法成就にも到る事に候《そうろう》。去る程に大覚《だいがくちよう》調御《ご》も阿含部《あごんぶ》に於て右の趣《くわ》を委しく教諭此れあり。天台の智者大師も其の大意を汲んで摩訶止《まかし》観《かん》の中に丁寧に示し置かれ侍り。書中の大意は、縦《たと》ひ何分の聖教《しょうぎょう》を披覧し、何分の法理を観察し、或《あるい》は長坐不臥《ふが》し、或は六時行道《ろくじぎょうどう》すと云へども、常に心気をして臍輪《さいりん》気海丹田腰脚の間《かん》に充たしめ、塵務繁絮《じんむはんじょ》の間、賓客揖譲《ひんきゃくいつじょう》の席に於ても、片時《へんじ》も放退せざる時は、元気自《じ》然《ねん》に丹田の間に充実して、臍下瓠然《さいかこねん》たる事、未だ篠打ちせざる鞠の如し。若《も》し人養ひ得て斯《か》くの如くなる時は、終日坐して曽《かっ》て飽かず、終日誦して曽て倦《う》まず、終日書して曽て困せず、終日説て曽て屈せず、縦《たと》ひ日々に万善を行ずと云へども、終《つい》に退惰の色なく、心量次第に寛大にして、気力常に勇壮なり。苦熱煩暑の夏の日も扇せず汗せず、堅冬疎雪の冬の夜も襪《べつ》せず爐《ろ》せず、世寿百歳を閲《けみ》すと云へども、歯牙《しが》転《うた》た堅剛なり、怠らざれば長寿を得《う》。若し其れ果して斯くの如くならば、何れの道か成《じょう》ぜざる、何れの戒か持たざる、何れの定《じょう》か修せざらん。何れの徳か充たざらん。若し又如上の故実に達せず、真修の秘訣を諳《そらん》ぜず、妄《みだ》りに自《みずか》ら悟解了知《ごげりょうち》を求めて、観理度を過ぎ、思念節を失する時は、胸膈否塞《きょうかくひそく》し、心火高ぶり上《の》ぼり、両脚氷雪の底に浸すが如く、雙耳《そうじ》、渓声《けいせい》の間《かん》を行くに斉《ひと》しふして、肺金痛み悴《くだ》け、水分枯渇して、終《つい》に難治の重症を発して、命根《みょうこん》も亦《また》保ち難きに至る。是れ只真修の正路を知らざる故なり。寔《まこと》に悲しむべし。蓋《けだ》し摩訶止観の中《うち》に仮縁止諦真止と申す事の侍り。只今申し談ずる内観の法とは、彼の仮縁止の大略にて侍り。老夫も若かりし時、工夫趣向悪《あ》しく心源湛寂《しんげんたんじやく》の処を仏道なりと相心得《あいこころえ》、動中を嫌ひ、静処を好んで、常に陰僻《いんぴ》の処を尋ねて死坐す。仮初《かりそめ》の塵事《じんじ》にも胸塞《ふさ》がり、心火逆上し、動中には一向に入ることを得ず。挙措《きよそ》驚《きよう》悲《ひ》多く、心身《しんじん》鎮《とこしな》へに怯弱《きようじやく》にして両腋《りようわき》常に汗を生じ、双眼《そうがん》断へず涙を帯ぶ。常に悲歎の心多く、学道得力《とくりき》の覚えは、毛頭も侍らざりき。何の幸ぞや、中頃よき知識の指南を受けて内観の秘訣を伝受し、密々に精修する者三年、従前難治の重痾《じゆうあ》はいつしか霜雪の朝曦《ちようぎ》に向ふが如く、次第に消融《しようゆう》し、宿昔歯牙《しゆくせきしが》を挟《はさ》む事を得ざる底《てい》の難信難透難解難入底《なんげなんにゆうてい》の悪毒《おどく》の話頭は、病に和して氷消し、今歳従心の齢を経《ふ》と云へども、三四十歳の時より気力十倍し、心身ともに勇壮にして、脇席を湿さず、恣《ほしいまま》に偃臥《えんが》せざるもの動《やや》もすれば二三七日を経《ふ》る事間々此れあれども、心力衰減せず、三百五百の燕頷虎頭《えんがんことう》に圍繞《いぎよう》せられて、経論を講演し語録を評唱して、三旬五旬を経れども、曽て疲倦《ひけん》の色なき者は、自《みずか》ら覚ふ、此の内観の力に依ることを。

全体としては先の『夜船閑話』の内容と同じですが、ここでは白隠さんは自分の若い時分、ただ静寂を求めて死坐したことが、結局、心火逆上、腰脚を霜雪の底に滲したような病気を起こしてしまったのであり、これは一にかかって自分のやった坐禅の方法の間違いによるものであると、はっきりと自分の間違いを告白されているのであります。そして幸いにして知識（白幽子と云わず）から授けられた内観の秘法によって元気をとり戻したばかりか、平素どうしても解くことができなかった禅門の公案までが一緒にすらすらと解けてしまったというのです。

その上、八十歳を迎えた今になっても、三四十歳の頃よりも十倍の気力を保ち、二三週間ぐらいは横になって寝なくても何ともないし、三百五百の若い修行者に囲まれて一カ月、あるいは五十日と講座を続けても全く疲労を感じないのは、内観の法のおかげだと自覚せざるをえないといわれておるのであります。

とにかく、内観の法によって、四六時中、寝ても起きても客の応待をしても、心気を臍のまわり、気海丹田、腰脚の辺りに充満せしめて片時も放さなければ、元気が自然に丹田の辺りに充満して、臍の下がふくらんで、手鞠のようになるというのであります。そうなればもう元気百倍、坐禅しようが経を誦もうが、字を書こうが、説法しようが、全く疲れを知らず、気力勇壮でいられるというわけです。それどころか、炎天下の夏の日には扇子も要らず、汗も出ないし、逆に、厳冬の深夜といえども足袋《たび》も要らず、爐《ろ》も要らない。百歳になっても歯も抜けないというわけで長寿は疑いなしとなるのであります。

二　病中の工夫――『遠羅天釜』巻之中――

禅宗では日常生活のあらゆる場面がことごとく修行の場であります。眠っても醒《さ》めても、食事をするときも、便所に行くときも、風呂に入るときも、すべて道場であります。でありますから、中国唐宋の昔から今日に至るまで禅院にはそれらの各場面における厳格な規則が定められております。それを「清規《しんぎ》」というのであります。いうまでもなく清規の中には病気のものが養生をする堂、すなわち「延寿堂」に入ったものの守るべき規則が含まれております。

白隠さんは、そういう禅の伝統に立って、病中にあるものの修行の心得というようなものを示されておるのであります。原文は次の通りです。

大凡《おおよ》そ、弁道工夫の為には、病中程能《よ》きことは此れ有るべからず。古来賢達の人々の巌谷に身を寄せ、深山に形を隠し玉う事は、世縁を遠ざけ、塵務を捨て離れて、道行純一にはげみ勤めんが為なり。然るに病中を除きて別の山谷なく、病中を去て外《ほか》の深山在るべからず。病中の人は托鉢《たくはつ》作務《さむ》の労倦《ろうけん》は遁《のが》れ、使僧《しそう》知客《しか》の応対も省き、広衆《こうしゅう》雑話《ぞうわ》の喧嘖《けんじゃく》も無く、僧堂の治乱を知らず、常住の豊倹《ほうけん》を見ず、死活は天運に投げ掛け、飢寒は看病の人に打ち任せて、只《ただ》狗《く》猫《びょう》など悩み伏したる体《てい》にて、何の合点も無く、何の了簡《りょうけん》も無く、只だ一向に蒲団上の事を忘却せず、自己の正念《しょうねん》を打失《たしつ》せざるを第一として、生《しょう》も亦《ま》た夢幻、死も亦夢幻、天堂地獄、穢土《えど》浄刹尽く抛擲下《ほうてきげ》して、一念《いちねん》未興《おこらざる》已前《いぜん》、万機不到の処に向つて、是れ何の道理ぞと時々に点検して、正念《しょうねん》工夫の相続を肝心とせば、いつしか生死の境を打ち越え、悟迷の際を超出して、金剛《こんごう》不壊《ふえ》の正体を成就せんこと、是れ真個不老不死の神仙ならずや。人界に出生したる思ひ出ならずや。円《えん》顱《ろ》方袍《ほうぼう》の威徳《いとく》ならずや。仏道微妙の霊験ならずや。真正参禅の人の前には、吉凶栄辱逆縁順縁、尽く道業を助くる糧と成り、懈怠惰弱人の前には、仮初の塵事、芥子《けし》許《ばか》りの病気も夥《おびただ》しき障りに仕なして、果ては宿業のわざなり、般若に縁こそ無けれなど種々の道理を付けて、遠からぬ般若を遠《とお》ざけ、根も無き業障を種《う》えそだてて、一生を錯《あや》まる程の苦々しく情なき事は無きぞとよ。古来より重病を受けながら、疑団打破の人々は間々多き事なるぞかし。

説明する必要はないかも知れませんが、一応、筋を辿ってみますと次のようになるでしょう。

何といっても、禅の道に参じるものにとって病床に臥すということくらい結構なことはあるまい。昔から先聖古徳と仰がれるようになった人たちは、人里離れた谷間に行き、あるいは深山に入って隠遁をされたのだが、そうすることによって俗世間から遠ざかり、煩らわしい日常の生活を離れて、人生上の課題について専一に究明しようとなさったのだ。

ところで病床に臥すほど結構な山谷がどこにあろう。また病中以外にどこに深山があろうか。病気で寝ておれば托鉢や作務（労働）はしなくてもよい、使い走りや来客の接待もする必要もなし。また皆んなのつまらぬ雑談に付き合うことも要らぬ。坐禅堂の様子がどうなっていようと関係はないし、台所の方の会計も知ったことじゃない。

ただ、自分が生きるか死ぬかということは天の神さまにおまかせだし、身辺の世話は看病の人が何とでもしてくれる。それで自分は犬や猫が横たわっているように、よいの悪いのという判断も、俺はこう思うと主張せねばならぬようなものもなく、ただ蒲団の上に居るということの一大事を忘れぬようにし、自己の本分は何かという正念だけは失わぬようにしておればよいのだ。

生きているこのいのちも、実は夢まぼろしにすぎぬということになれば、天国だとか地獄だとか、穢土だ浄土だというようなことはいらぬことと抛《な》げうって、あれこれの心が起こる以前のところ、あらゆる手だても役に立たぬようなところを探究し、そういうものとはいったいどういうものかと、ひとときも休まずに追求を続けることだ。

すると、いつの間にか生死の境を越え、またやれ迷いだ、やれ悟りだなどというようなつまらぬ境地も超えてしまって、金剛石のように堅固な自己の本体を成就することができるというわけだ。これこそが不老不死の神仙でなくて何であろう。

このようなことになれば、人間として生まれてきた意味もあろう。出家して坊さんになった値打ちでもあろう。これぞ仏道を歩んだものの有難い霊験そのものではないか。

このようなしだいであるから、真正に参禅する者にとっては吉凶・栄辱はもとより、不運も幸運も、みな道を求める助けとなるのだし、逆に仏道修行を怠けているような人間には、ほんのささいな不幸や、芥子つぶほどの病気でも、大きな障害となる。それればかりか、俺にはそういう運しかないのだ、悟りの道に縁がないのだなどと勝手な理由をつけては、有難い悟りの智慧を自ら遠ざけ、根も葉もないような悪運を自分でつくり育てて、一生を暗く過ごしてしまうことになるのだ。何と情けない話ではないか。昔から重い病気を患ったために、かえって迷いの闇を打ち破って大人物に生まれ変った人は少なくないことを知らなくてはならないのだ。だいたいこのような意味になるわけですが、このようにして白隠さんは、病をてこにして悟りの世界に生まれ変る機会にせよと激励されているのであります。

ここでもう一つ、ついでに白隠さんが「病中の公案」（病気になったときに取り組むべき人生上の問題）ということを書いておられるので紹介しておきたいと思います。この箇所は『白隠和尚全集』第六巻、雑纂《ざつさん》に見えております。それは次のようであります。

病中の工夫に三ツの用心あり。一には死を極むべし。生死無常は人間の定法。況んや道人においてをや。生死事大を以て平生《へいぜい》の受用《じゆゆう》とす。此の故に病中には、先づ死を極めて事に迷わず、身を介抱人に任せて、安然《あんねん》として住すべし。二には息に依る。身心疲れて行業及ぶべからず。身風の身内に解するを覚ゆ。是を諸法実相の境として、正念相続を試むべし。三には願を励ます。病若し治せば、益々心を改めて行を励まんと誓い、命若し尽きなば、日頃の大願の如く、大丈夫の身を受け、一聞千悟の人となりて、普《あまね》く一切衆生を利益せんと勇《いさ》み誓うなり。穴賢《あなかしこ》。

白隠さんによると、ひとたび病を得たものは早く治ろうとしてバタバタしてはならないということのようです。それで病中にあるものは次の三つのことを始終心から離さないようにするのが肝要であるということになります。

まず第一は、死を極めること。この極めるということは究極の極であり、徹底的に死を見つめるということでありましょう。生を極めるのではなく死を極めようというところが眼目であります。先に第二節の三で「死の字に参ぜよ」ということがありました。あの場合は、戦場で戦う武士への誡めであったわけですが、ここでは一般の人間が重い病気に罹《かか》って死に臨んだ場合の心構えであります。

思うに、白隠さんは「生」の字よりも「死」の字に親しまれたようであります。白隠さんはよく「死」という字を墨痕鮮かに書いておられますが、死の字に添えて、「若い衆や　死ぬがいやなら今しにやれ　一度びしねばもふ（う）しなぬぞや」という歌を書いておられます。いずれ死を迎えることは生命あるものの必然の結果でありますが、そういう事実にもかかわらず、生けるものはすべて命を惜しみ、死への恐怖を抱いております。これは人間だけに限らない、虫でも鳥でも、蝿でも蝶でもめだかでも捕えようとすると、みな大急ぎであちらに向かって逃げる。一つとしてこちらへ近づくもののないのは不思議なほどであります。

「あすは死ぬ　けしきも見えず　蟬の声」という句があります。あす死ぬことも知らず今日のいのちを完全に燃焼するかのように全身あぶらを絞って鳴きつづける蟬は、しあわせといえばしあわせであります。人間はそういかないからです。人間は自分の死を予測できても体験することはできない。しかし人間は大変悲しいことに自分の死の前に多く「愛し合うものの死」を体験しなくてはならないのです。

他人の死は、いわば第三人称的な死ということができます。それは自分にとってそれほど痛切なことではないわけです。自分にとって第三人称的な人の死というのは、「存在」と「機能」の喪失に過ぎない。それはまた他のものによって埋め合わせの効くものであります。たとえばいつも煙草を買う店の老婆が死ぬということは、その人がいなくなったということ（存在の喪失）と、もう煙草を売ってくれないということ（機能の喪失）でしかないわけです。

しかし、自分が杖とも柱とも頼む人の死、つまり「おまえ」とか「あなた」というような間柄の人、つまり第二人称的関係で生きていた人の死は、半分以上自分の喪失であります。これは人間が体験することのできる最も悲しい現実的死であります。眼のあたりにする死の苦しみと悲しみを通して人間は自分の死を想像し、恐怖と不安を感じるのであります。

アルフォンス・デーケン神父（上智大学教授）は自分の死について抱く恐怖の対象を四つあげています。一つは、死ぬまでの肉体的苦しみ。なかなか死ねないあの臨終の苦しみのことでしょう。第二に精神的苦しみ。やはり死にたくない、もう少し生きていたいというこの世との惜別の苦しみ、「生命の飢餓感」（岸本英夫博士）というものが起こるに違いないと思うのです。第三に社会的苦痛。これは家族や職場に対する心配でありましょう。自分が死んだあと、これらの人々はどうなるだろうと思うとたまらないでしょう。第四に霊的苦痛であります。これは人間として最高の苦痛であろうと思います。つまり、いままでの人生の総決算を迎えて、自分の人生についての意味、無意味の反省や価値判断が起こると思うのです。ああすればよかった、こうすればよかったと、取り返しのつかぬ後悔の念が自分を襲ってくるのではないでしょうか。

右のようなさまざまの苦痛を伴なう自分の死というものは誰にとっても恐怖であります。それで白隠さんは「若い衆や、死ぬがいやなら今しにやれ」といわれる。その日を待つ必要はないぞ、自分で自分の死を先取りしてしまうことだ。そうすりゃもう二度と惨めな死を迎えることはないぞという教えであります。

白隠さんの法の上の祖父になる人に、至道《しどう》無難《ぶなん》禅師という方があります。その人の歌に、「生きながら　死人となりてなりはてて　思いのままになすわざぞよき」というのがありますが、一度死にきった人は、死から解放された大自由人として生涯を送ることができるというのが、禅僧たちの教えであります。禅宗で「大死一番、絶後に蘇る」というのは、修行の過程でこの人間的な死を一度体験することであり、この禅体験こそ白隠禅の根本であることはすでに第二節で述べたとおりであります。

生まれたものは必ず死ぬ、だから死のない生というものはない。七十年生きるということは七十年かけて死ぬということと同義であります。すると生きているただ今は、生と死の交叉している一点であることになります。これが人生の真相であり、ゆえに「生死事大　無常迅速」というのです。「生死無常は人間の常法」といわれるゆえんです。まして、出家までしてそのことを探究する「道人」にとって、生死無常は人生の大前提であるというわけです。「生死事大を以て平生の受用とす」、つまり、この生死交叉のところで毎日毎日の日常生活を生きていくということが、「平生受用」ということであります。

そういうわけですから、病中にある人は、生を惜しむ必要はなく、ただ死を人生の一半として見つめるべきである。「事々迷わず」とは、病気の症状に一喜一憂するなということです。身体のことは、医師と看病人にまかせきればよいのだ。ばたばたしてどうなるものでもないぞとのお諭しであります。

第二の工夫は、「息に依る」ということです。息にすべてを託するということでしょう。病で床に臥せていて残っているものはこの一息一息であると、この息を調えよということでありましょう。身心が疲れきっていて、もう何の仕事もできないからである。生きて息をしていても、この身体内に入る空気はただ身体内において役目を全うするだけであると、この状況の真相をよく諦観し、余計の雑念や欲望を捨てて、ただこのことだけを心に懸けていく、それが「正念相続」ということであるといわれるわけであります。

第三には「願を励ます」。願というのは世間でいう願望、欲望ではありません。「菩薩の誓願」のことであります。菩薩とは出家した人、在家の人とを問わず、仏陀の教えを行じるもののことであります。菩薩の誓願はいわゆるすぐに実現できるような願いではないところが特徴的です。願えばすぐに成就するような願いは「現世利益《げんぜりやく》」を求める願いでありますが、菩薩の願行は、無辺の衆生を済度《さいど》し、無尽の煩悩を断じ、無量の法門を学び、無上の仏道を成ずるというように、ほとんど気の遠くなるようなものを完成目的としておりますから、それらは何回も何回も生まれかわって実践を続けなければならないものであります。

それで白隠さんは、病中工夫の第三にこの願を持つことに励めといわれるのです。この願はこの一生のことではない故に、願いは死を超えた世界へと拡がっております。ただいさいわいに病が治って床から起てば益々心を改めてこの願行に励むことを心に誓うもよし、もし不幸にして命が尽きるようなことになっても、平素より願っているように生まれかわって、大丈夫児となり、一を聞いて千を悟ってしまうような真の人間となって、迷える衆生を救うために人生を捧げるぞと、「勇み誓う」ことだと諭されているのであります。

このように、さし迫った死ということの現実に眼をそらすことなく、人生の真相である生死一如の真理に向かって心を摂め、残された生の内容である息をよく調えるとともに、生死を超えた菩薩の大誓願を立てなおすということを、朝から晩まで絶えず想念しつづけることが正念相続ということでありますが、この行法がどれほど、死を迎えて意気消沈している病人の激励になったことか想像に余りあるものがありましょう。

このことは、そのまま今日のわれわれに対しても大きな示唆《しさ》と勇気を与えるものであります。今日の時代は、生にしがみつき、生命を延長することに急なる時代であります。それはたしかに医学の進歩によっていくらか可能なことではありますが、医学といえども死というものを避けることができない以上、やはり、死をみつめることを通して、人生の最後の部分をそれまでになかったような尊厳な生き方で終えるようにしなくてはならないと思います。死を見えないようにし、いたずらに量的生命の延長のみを願うところに、本当の救いはない。むしろ、死を見つめることによって生の無常と迅速性にめざめ、短い命の質を昂めることこそ、人間にとっての希望であり、救いであります。白隠さんに見られるようなこの「死の字への参究」ということこそ禅者が語りついできた真の人間の生き方の指標であります。

三　輭酥の法――『遠羅天釜』巻之中――

以上のところは、どちらかというと禅の立場からしての病人への策励でありますが、他方で白隠さんは、病の脱出ということについて、あるいは養生ということについて、実際上の治療法を説かれております。これこそは、白隠さんの菩薩行の一つの具体的なあらわれであるというべきものであり、また近世の人としての白隠さんの合理的精神を示すものと考えてよいでしょう。

この輭酥の法という独特の療法は、白隠さんの法語集『遠羅天釜《おらてがま》』全三巻の中巻に当たる「遠方の病僧に贈りし書」のなかで説かれているものであります。『遠羅天釜』は原本では『遠羅天賀麻《おらてがま》』とあるようですが、この名の出拠はやはり、白隠さんが日常愛用されていた茶釜であったことが、斯経慧梁《しきょうえりょう》（白隠の高弟の一人）の跋文で明らかであります。なぜそれを「遠羅天釜」と名づけたかは不明だと斯経も書いております。

さて、輭酥の法についての部分は次の通りです。

茲《ここ》に又一方あり、尤《もっと》も虚弱の人に宜し。心気の労疲を救ふ事甚《はなは》だ妙なり。上昇を引き下げ、腰脚を温め、腸胃を調和し、眼を明かにし、真智を増長し、一切の邪智を除く事大いに効あり。輭《なん》酥丸一剤《がんいちざい》、諸法実相一斤、我法二空各《おのおの》一両、寂滅現前三両、無欲二両、動静不二三両、糸瓜《へちま》の皮一分五厘、放下着一斤、右七味忍辱の汁に浸す事一夜、陰乾して抹す。例の通り般若波羅蜜を以て調錬し、丸して鴨卵の大さの如くならしめて、頂上に安着す。初心の行者は薬種如何、斤両如何を観ずべからず。只色香微妙の輭酥、鴨卵の大さの如くなる者、我が頂上に頓在すと観ず。病者このくすりを用いんと要する時、厚く坐物を敷き、脊梁骨《せきりようこつ》を竪起《じゆき》し、目を収めて端坐し、徐々として身心を淘定《とうじよう》して、須く思惟すべし。大凡《おおよ》そ生を保つの要、気を養ふに如かず、気尽くる時は身死す、民衰ふる時は国亡ぶるが如しと。此の語を三復し畢《おわ》つて、正に此の観を成すべし。彼《か》の頂上に安着する輭酥鴨卵の如くなる者、其の気味微妙にして、遍く頭顱《とうろ》の間《かん》を潤し、浸々として潤下し来つて、両肩及び双臂両乳胸膈の間《かん》、肺肝腸《はいかんちよう》胃《い》脊《せ》梁臀骨《りようでんこつ》次第に沾注《せんちゆう》し将《も》ち去る。此の時、胸中の五積六聚《ごしやくりくじゆ》痃癖塊痛《せんぺきかいつう》、心にしたがつて降下する事、水の下におもむくが如し。歴々として声あり。遍身を流《つた》へ潤して、下つて双脚を温む、足心に至つて即ち止む。行者再び此の想念を成すべし。彼の浸々として潤下する所の余流積り湛え、暖め醮《ひた》して、恰《あたか》も世の良医の種々に妙香の薬物を聚《あつ》め、此を煎湯《せんとう》して浴盤の中に盛り湛えて、我が臍輪《せいりん》以下を漬浸するが如しと。此の観を成す時、唯心所現の故に、鼻根《びこん》希有《けう》の香気を聞き、身根妙好の輭触を受け、身心共に調適なり、乍《たちま》ち積《しやく》聚《じゅ》を消融し、腸胃を調和し、肌膚光沢を生じ、大に気力を増す。若し時々に此の観を成熟せば、何れの病か治せざらん。何れの仙か成ぜざる。此れは是れ養生の秘訣にして、長生久視の妙術なり。此方始め金仙氏《きんせんし》に起つて、中頃天台の智者大師に至つて、大に労疲の重痾《じゅうあ》を治し、且《か》つ其《そ》の兄陳秦《けいちんしん》が必死を救ふ。澆末難遭《ぎょうまつなんそう》の霊方なり。宣哉《むべなるかな》、此道今人知得する底《てい》希《ま》れなることを。老僧、中頃道士白幽に聞く。効験の遅速は行人の勤と怠とに在るらくのみ。怠らざれば長寿を得。

この「輭酥の法」も、やはり白幽真人直伝のものとされているわけですが、あるいは白隠さんの考案によるものとも考えられます。そのユニークな養生法は、坐禅という身体的・物理的療法に加えて、今日でいう心理療法的なところがあり、いわば自己暗示的に病をコントロールする方法であります。ともかく「輭酥の法」の訳をしてみましょう。

ここに一つの方法がある。この方法は特に身体の虚弱な人に合うのである。この方法は心気の疲労を救うためには、はなはだ妙術というべきものである。

ここで白隠さんが心気といっているものが何を指すのかよく分かりませんが、何となく身体的生命を与えている原動力のようなものらしく思われます。それは単純に心臓とか肺臓とかいうはっきりしたものではなくて、体温を発生させる活力源のようなもので、精神までもコントロールするもののように思われます。白隠さんの高弟の東嶺和尚が画かれた珍しい達磨の坐禅図があります。この画は薄い衣をつけた達磨が脚を組んで坐禅をしているところですが、達磨の内臓も画かれていて、坐禅の時の身体的状況を説明しています。この場合も内臓といっても「心識」とか「気海丹田」といったような空想的なものでありますから、その師の白隠さんが「心気」といったものも、やはりそのようなものと考えられます。

ともかく、この輭酥の法を行なえば、上昇する熱気を引き下げることによって脚腰が暖かくなり、胃腸は具合よくなり、眼がすっきりとしてくるので、正しい智慧が増し、邪念は消え失せるという大きな効果があるというわけです。

さて、輭酥の法の具体的実践でありますが、まず「輭酥丸一剤」以下七つの味を混合するのです。輭酥は輭《なん》は軟らかい、酥《そ》は牛や羊の乳から造るチーズ状のものらしいのです。『膠仙神《ようせんしん》隠《いん》』には「乳を以て鍋に入れ、煎じること二三沸、盆内に傾入して冷定し、面に皮を結ぶを待って皮を取り再び煎じ、油出れば滓《し》を去って鍋内に入るれば即ち輭油《なんゆ》と成る」と説明してありますから、かなり精撰された固型チーズのようです。まずこれの一錠が基本。次に、「諸法実相一斤」です。諸法実相というのは天台宗の中心的教えの一つで、この現象界に存在するすべてのものは、真実のすがた（天台では空仮中《くうけちゅう》の三諦《さんたい》が円融《えんゆう》するすがた）そのものであるということであります。そういう「真理」を一斤ですから六〇〇グラム。第三味は、「我法二空おのおの一両」です。一両は一斤の十六分の一。

我法二空は大乗仏教の中心であり、人法二空ともいわれ、要するに主観である自己も、自己をとりまく世界も空であるということであります。およそ実体というべきような不滅なものはどこにも存在しない。すべては縁起の法によって仮の形をとっているものばかりであって、一切は本来空無であると諦観することが、いわゆる般若の空観というものであり、こうして人間をあらゆる執着《しゅうじゃく》から解放せしめるのが大乗仏教の教えの根本であります。白隠さんはその我空（人空）と法空の両方をそれぞれ一両ずつ調合せよといわれるのです。

次に「寂滅現前」を三両加えよということですが、この寂滅現前ということは、先の「坐禅和讃」にも用いられた一句で、別の言葉ですと「涅槃寂静」ということになります。仏教には「四法印」という根本的な教理が説かれています。四項目から成り立つ法のスローガンということであります。その㈠は諸行無常。一切の形あるものはすべて無常で移ろい行くということ。常住不変といえるものは一つもないということです。㈡は諸法無我。法は形をもって存在するものですから諸法はありとあらゆるもの、それらには「我」すなわち実体がない。だから先の我法二空と同じです。㈢は一切皆苦。したがってそういう無常にして無我であるものに執着するならば、一切は苦しみとなるほかはない。人間が正しい智慧をもたないで欲望に支配されている限り、この世のことや物はすべて苦しみである。㈣は涅槃寂静。つまり苦しみという事実（これを苦諦という）は、人間の側に問題があるということ（これを集諦《じったい》という）になるわけで、このことが明らかになれば（これを滅諦《めったい》という）、苦しみは一転して消滅するのでありますそういう苦しみなき世界の現前が「寂滅現前」ということであります。いわゆる悟りの境地であります。煩悩という苦しみの炎が燃えつきてしまって、涼しい風が吹いてくるような状態が「寂滅現前」ですが、白隠さんはそういう安らかな心境を三両加えよといわれるのです。

次に「無欲」二両。これは欲望を捨てることであって説明の必要がないでしょう。しかし、人間は欲望の固まりで、欲望を失ったら死んだも同然でしょうから、なかなか無欲を実践することは容易なことではない。しかし、それも二両は必要だということです。

六つめは「動静不二《どうじょうふに》」というもの三両とありますが、これは禅の基本精神です。「行も亦《ま》た禅、坐も亦た禅、語黙動静、体安然」と『証道歌』に謳われておりますように、行住坐臥《ぎょうじゅうざが》のあらゆる姿において一貫したものがなくては禅ではありません。それは常に移り変るまわりの状況に対してはっきりと五感をはたらかせていくということと、しかも決して対象物に執着しないということであります。もしそれができるならば喧騒のうちにあっても静寂でいられるし、また静寂のなかにいても常に活発でありうるわけであり、動とか静とかいう隔てはないのであります。ちょうどがっぷりと四つに組んだ力士は、たとえ動きは静止していても、全力が漲ぎって働いているようなものですし、またフル回転している独楽《こま》が完全に静止しているように見えるようなものでしょう。このように静と動とは完全なところでは二つのものではなくて一つなのであります。禅はそういう動静《どうじょう》隔てない一貫性を得ようとするものであります。それで白隠さんはそういういわば創造的静寂とでもいうべきものを三両必要とされるわけであります。

次に、「糸瓜《へちま》の皮」を一分五厘。これは他のものと比べてははなはだ少量です。へちまの皮がどういう効果をもつものかよく分かりませんが前後の文脈から見て、やはりへちまのあり方が擬人的に用いられているのではないかと思います。「ぶらぶらと暮すようでも瓢単は胸のあたりにしめくくりあり」などという俗謡がありますように、へちまの姿のわれわれに与える印象には何か気の長いというか、安穏としたところがあります。しかもそれなりに引き締ったところもあるというわけです。またへちまの水が痰《たん》を切るための薬用として用いられるということの連想があってもよいでしょう。

最後に「放下着《ほうげじゃく》」を一斤。これを「下着を放て」と読んで禅は何に対しても素っ裸で対応することだと説明している人がありましたが、これはなかなか面白いと思って聞いたことがあります。素っ裸になって人間性も丸出しにするということは大切なことでありますから「下着を放て」と読んでもよいわけですが、余り上品な話ではありません。この語は文字通り「放下着」と読みます。「着」は強調の接尾語で特に意味はありません。それで「放下」つまり、すべてを投げ捨てて無一物になること、煩悩妄想の重荷を捨てて身軽になることです。禅語に「下載《あさい》の清風」（『碧巌録《へきがんろく》』四五）というのがあります。目的地に着いて荷物をおろした舟の軽妙さをいったものでしょう。暑くるしい汗もひいて、さっと一陣の清風の起こったところでしょうか。

さて、以上の七味を「忍辱《にんにく》の汁」に浸すこと一夜せよという。いわゆる一夜漬けです。余り長く浸すとそれぞれの風味を失いますので、それら七味が調和すればよいという程度です。「忍辱」というのは、われわれ凡人が、悟りの岸に渡るために行なう六つの実践、つまり大乗仏教が教える「六波羅蜜《ろっぱらみつ》」の一つです。いわゆる堪忍であり、たえ忍ぶこと。これは仏道修行にとってたいへん大切なことであります。忍の字も心の上に刃を置いてありますので、厳しい自己否定の行といえましょう。『解深密経《げじんみっきょう》』には忍辱に三種あって、諸法の真理を正しく諦観認識する「諦察法忍」。この忍によって他からの怨害を受けても、これによく耐え、衆生を利《り》益利済《やくりさい》する「耐怨害忍《たいおんがいにん》」。自己の遭遇する苦難逆境を忍受し、これに安住して退転することのない「安受苦忍《あんじゅくにん》」の三つをあげております。

この「忍辱」から絞りとられた汁に、先の七つの味を一夜漬けにするがよいとなかなか愉快な発想であります。それをさらに時間をかけて陰干しにしたうえ、これを磨《す》って粉抹にするのです。これを「般若波羅蜜」によって調錬する、つまり錬りあげるのでしょう。「般若波羅蜜」も六波羅蜜の一つで、正しい悟りの智慧のことであります。この智慧を用いて錬りあげ、鴨《かも》の卵のように丸く固めて出来上りです。これが「輭酥」でありますが、何とまあ内容豊富で手間のかかったチーズではありませんか。

さていよいよ実践ですが、まずこの輭酥を頭の上に乗せるのです。初心者はそれが何で作られているかとか、それらの配合量のことなど考えてはいけない。ただ色や香のすばらしい鴨の卵の大きさの輭酥が自分の頭の上に乗っていると想念するのであります。

病人がこの薬を用いようとする時は、厚く座蒲団を敷き、背骨を真っ真ぐに立て、眼を半分閉じて坐禅する。しだいに身心が落ち着いてきたならば、次のように想念するがよい。

そもそも生命を保つために肝要なことは「気」を養うのが第一だ。「気」が尽きたならば身体は死んでしまう。民衆が衰えたならば国が亡びるようなものだ。と三遍口に唱えたら次のように想念するのである。

あの頭の上に置いた鴨《かも》の卵のような大きさの輭酥はその気味はすばらしいもので、それが溶けて頭から首を潤おし、両肩・両手・乳・胸の間を流れ、体内の五臓をしだいに下の方へ沾《うるお》していく。それにつれて胸につかえていた病気や痛みが心と一緒に下に降りてくる様子は水が下手に流れるようなもので、さらさらと音を立てて流れ全身をくまなく潤して降り両脚を温かくし、足の裏に到ってとまる。

このときもう一度次のように想念するのだ。このように次第に下へ下へと潤《ひた》しながら流れ両脚が温まってくる様子は、まるで世界中の良薬を聚《あつ》めて煎じたものを風呂桶に入れ、そこへ入って臍《へそ》の下まで浸しているのと同じだ。

こうやれば唯心が現われてくるから、鼻には絶妙の香がし、身体全体が軟らかにつつまれ、身心が調って快適になる。するとたちまち、身体に積った毒は消え、胃腸は調い、皮膚につやが出て、大いに気力が増進する。

もし、時々このような観法を行なうならば、治らない病気というものはなかろう。不老不死の仙術も手に入らぬことはない。これこそ養生の秘訣、長生きの妙術である。この法は釈尊が始められ、天台の智者大師がこれを用いて大いに人々の病を治療し、兄陳秦《けいちんしん》の死病でさえ救ったほどだ。ところが今日これを知る人が少ない。私は、さき頃、白幽真人にこの法を聞いたのだ。この法が効くか効かないかはそれを実行する人の勤怠によって決まる。怠らずにやれば長寿を得るのだ。

これが白隠さんの輭酥の法のあらましであります。半分は自己暗示的な療法にも聞こえますし、また一半には現代の精神医学療法を先取りするような合理性も見られる養生の法であるともいえましょう。ともかく白隠さんには、自分がこの法によって九死に一生を得たという自信があったのであり、白隠さんの指示に従ってこれを行じた人もまた、多く救われたことは間違いないものと思われるのであります。

四　眼病退治の法――「鵠林尺牘《こくりんせきとく》」――

白隠さんが在家の信者に与えている書簡を見ると、その大半が長文の病中見舞状であり、その内容もまたまことに濃《こま》やかな人情に満ちたものばかりであります。しかも、それは単なる同情や気嫌を伺うものではなく、深い禅定力によって精神的に治癒することをすすめるとともに、いわゆる医薬による養生をいましめております。その禅的方法による病気の克服もまた、実に今日の心身医学を先取りするばかりに合理的であることに驚かされるわけでありますが、その一例として、白隠さんが村林是三という眼病に苦しむ参禅の居士に与えた書簡をあげてみましょう。

総じて眼病には心気を労役する事を第一に制し申す事に候。心気は火を主《つかさど》り候えば、心気を使ひ過し心火高ぶり上り候へば、火剋金《かこくきん》とて肺金を痛め削り申す事に候。肺は金生水《きんしょうすい》とて水分の母にて候ものを、母痩せて乳細き時は、必ず子の弱りに罷成《まかりな》り、腎脛の水不足致すは必定《ひつじょう》の事に候。水は水生木《すいしょうぼく》とて肝木の母なる故に、腎脛の水不足する時は、覚えず肝木の子痩せ悴《くじ》け申す筈に候。肝木膽腑《せんぷ》眼筋爪とて、肝木は目を主る事に侍れば、随分心火を静め水分不足せざる様に致され、肝木枯渇せざる様に心懸け之れ有る可く候。

養生書に心を養うものは黙し、目を養う者は瞑すと申す事の侍り。目を養う者は瞑すとは、常々一向無智愚鈍の大痴人同前、目をくいねむりて、世間の是非善悪を見ず、世上の盛衰治乱を観ぜず、後世の事も菩提の事も打ち忘れて、比類も無き鈍漢になりすまして、人と応対する事も好まず、安閑無事の小児の如く、人の来るをも知らず、人の去るをも観ぜず、一向木人石女の如くなる修行を一年も二年も修錬し、様子御覧之れ有る可く候。眼病はかき拭いたる如く全快之れ有る可き歟《か》。是れ等の修行は未だ見性得悟《けんしょうとくご》せざる人の為には、立枯れ禅法とて、上もなき法毒なれども、一回円解之れ有り候の人の為には、道骨を肥やし元気を養う大善行にて、古人は何れも五年三年づゝ、鍛錬之れ有る事に候。……

当分養生の中《うち》は、日頃の法話くるいも御止め成され、諸人の応対も随分省略致され、大方は目を打ちねぶりて元気を充たしむるを以て第一とし玉うべし。摩訶止観の中《うち》に仮縁止体真止と申す事の侍り。仮縁止とは、心を気海丹田腰脚足心の間《かん》に寄せ充たしめ、終日黙々として大死人の如くし去り、万縁を忘却し心気を推し静むるを以て第一とす。是れ養生の至要なり。体真止とは、常に諸法実相の理体唯有一乗の本源を観察するをいえり。仏の云く、常に心を一所に制して足心の間《かん》に置かば、爾《なんじ》が百一の病を治せんと。又黄龍《またおうりよう》の老南禅師は常に衆に示して云く、我れ常に心をして腔子《くうす》の中に充てしむと。是れ彼の仮縁止の大略なり。石台先生曰く、大凡そ、形を錬るの要は、気を聚《あつ》むるにあり。気を聚むるの要は、心を凝らすにあり。心凝る則《とき》は気聚《あつま》る。気聚る則は丹成る。丹成る則は形固し。形固き則は神《しん》全し。神全き則は寿算三百年《じゆさんさんびやくねん》。耳目身を終るまで清く且つ明なり。其の余は真性の精粗に依るらくのみ。是れ仙洞錬丹の秘訣なりと。又た宝鑑に云く、丹を錬るの要は、蓋《けだ》し五無漏の法あり。目妄りに見ず、耳妄りに聞かず、鼻妄りに嗅がず、口妄りに云わず、身妄りに動かさず、意妄りに使役せずと。……

　眼病の妙薬

一、信心　参両　　一、湛然《たんねん》不動　壱両

一、無言無説　壱両　一、安閑無事　壱両
一、万事不調法　壱両　一、堪忍　五両
一、痴鈍漢　壱両　一、無公義　壱両
右八味、禅定水壱升を以て煎ず、煎法服法如常《つねのごとし》。

眼病の禁物

第一、愛欲煩悩　第二、瞋恚《じんい》小腹立《こはらだて》
第三、思案分別　第四、身上の世話
第五、多々饒舌《たたにょうぜつ》　第六、よみ書き
第七、法話くるい　第八、見解《けんげ》ばなし
第九、公義付き合　第十、辛気きの毒
右堅く禁制《きんぜい》せられなば、眼病は透《すき》つと全快すべく候。

右の一文は、たまたま眼を病む人への提言忠告でありますが、これを通読すると、ただ単に眼を癒すために眼薬をさすというような現代医学の方法とは根本的に異なり、身体全体を調整しなおすことによってその効力を眼という一器官に及ぼすという東洋心身医学の治療法であります。したがって、この方法は眼を癒やすと同時に身体のすべてにその効果を及ぼすことになるはずであります。そういう観点に立って、この白隠さんの眼病退治の法を味わってみなくてはならないと思うのです。

眼病を癒すためには、まず何よりも「心気」を休ませなくてはならない。「心気」は身体の火をつくるものであるが、これを使い過ぎるといわゆるオーバーヒートの現象を起こすというのです。「心気」というこの漢方医学の術語が問題です。

直木公彦氏はその著『白隠禅師――健康法と逸話』（一一五頁）において、心気を精神とか感情とか訳しておられますが、器管としての心臓と見てはどうでしょうか。心臓は体温をつかさどるところでありますが、それは外から摂取した酸素を燃焼させるところであり、まさに生命の中心であります。「心気」という語がそういう点でまことに適切であります。さきに「内観法」のところで白隠さんは自分の病気の症状を「心気逆上」というように記しているのですが、これは心蔵が不整脈を起こし、熱を発するような状況ではないかと思われます。白隠さんの説では、体熱というものがそのように逆上して上昇することはよくない。体熱というものは常に身体の下部へと降下していなくてはならないのです。「逆上」はよくないわけであります。

心火が高ぶり上昇すると「火剋金」、つまり火が金に剋つことになる。金は肺のことであるが、「金水を生ず」というように肺は水分の母である。ここに水とあるのは酸素によって清められる血液のことと考えられます。そういう水分の母体である肺が痛められ細っては、ちょうど母親が痩せて乳が不足すると赤ん坊が弱くなるように、腎臓の水が不足してしまう。そして「水は木を生ず」といわれるように肝木の母である水が不足すると肝臓という子は痩せ衰えるのは必定です。そして肝臓は胆《きも》・腑《はらわた》・眼・筋・爪などをつかさどるのであるから、心火を静めて水分が不足しないように気をつけ、肝臓が枯渇しないように心懸けなくてはならないというのです。

養生の書に「心を養うものは黙し、目を養うものは瞑す」とある。だから、眼を養生しようとするものは瞑目することが大事であるが、それはどういうことかというと、常にひたすら無智愚鈍の痴者のように、眼をつむって居眠りし、世間のあれこれを見ず、世界がどうなろうと気にせず、来世は極楽へ往生したいとか、この世で悟りを得たいとかいうようなことは一切打ち忘れ、見たこともないような鈍漢になりきり、人に会うことは止め、何もすることのない小児のように、人がやってこようが帰って行こうが、とにかくただ木や石のようにしておることだ。そういうことを一年二年と修錬して様子を見てみるがよいというわけです。

そうすれば、眼病などまるで拭いとったように全快すること請け合いだ。こういう修行はしかし、まだ悟りを開いていないものにさせると、いわゆる「立枯れ禅」というものになってしまって法を亡すことになりかねないけれども、ひとたび悟りの体験をもった人にとっては道骨を肥やし、元気を養う大善行であるから、古人もこの方法を大切にして五年とか三年ずつ鍛錬《たんれん》をされておるのである。……

手紙の要旨はだいたいこのような意味になると思うのでありますが、ここで面白いのはこの養生の法、つまり、じっと目をつむって死せるもののごとくのように何が起ころうと知ったことではないと、日常の行ないを止め、人にも面会せず木や石のようになる方法は、悟りを開いていない普通の人間にはすすめられず、ただ見性《けんしょう》悟道《ごどう》の人にとってのみ道骨を肥やし元気を養う大善行であるといわれている点です。

白隠さんにおいては、この点が徹底して区別されるのです。というのは、ただ静かにひとり黙々とする坐禅ぐらい自分のひとりよがりの禅はないのであって、それはまるで鬼が穴ぐらに入って一人で頑張っているようなもので、世間にとって何の役にも立たない禅であると白隠さんはくり返し力説しておられるのです。このことは第二節の二において見たところであります。

さて眼病退治の法はさらに続きます。その次に書かれていることがまた面白いのです。

しばらくの間養生をしなくてはならないのだから、「日頃の法話くるいも御止めなされ」というわけです。特に修行熱心な相手に対して「法話くるい」とはっきり断じているところが面白い。こうはっきりいわれては、手紙を受けとった是三《ぜさん》居士も驚いたに違いありません。何をするにしても「狂気」はいけないのです。今日でも禅に頭を突っ込んで、これしかないと思い込み、他人のいうことに耳を貸さぬ人がよくあります。そういうのはやはり「法話くるい」というべき類の人であります。これが昂じると、いわゆる禅病に罹《かか》ってしまうのです。だから白隠さんは、そういう「法話くるいは止めなさい」と忠告されているのでしょう。そしてしばらく人との応待も止めて眼をつぶって、内に元気を充満させることが第一だと、そういうお諭しです。

そして先に「内観の法」のところで少し述べられていましたあの天台大師の『摩訶止観《まかしかん》』のなかに説いている「仮縁止《けえんし》」というのを実践せよといわれるのです。

「仮縁止」とは「心を気海丹田腰脚足心の間に寄せ充たしめ、終日黙々として大死人の如くし去り、万縁を忘却し心気を推し静むるを以て第一とす。是れ養生の至要なり」と書いておられます。これは仏陀も教えたことだし、中国の禅僧黄龍《おうりよう》慧南《えなん》も弟子にすすめたことであるといい、さらに石台先生（不詳）のことばとして、「大凡《おおよ》そ形を錬るの要は、気を聚《あつむ》るにあり。気を聚るの要は、心《しん》を凝らすにあり。心凝る則《とき》は気聚る。気聚る則は丹成る。丹成る則は形固し。形固き則は神《しん》全し。神全き則は寿算三百年。耳目身を終るまで清く且つ明なり。其の余は真性の精神に依るらくのみ。是れ仙洞錬丹の秘訣なり」を引用しています。

仙洞錬丹の法を説いたものでありますが、やはり気を聚めることが第一である。そのためには心を凝らす必要があるというわけです。心が凝れば気が聚まり、気が聚まれば丹田ができ、その気海丹田は固い。これが固ければ、神《しん》（精神）は完全となり、三百年の命を得ることができる。しかもそのように長寿であっても身を終わるまで耳は聞こえ眼はよく見えるから耄碌《もうろく》するということがないというわけです。あとは人それぞれの天分素質の精粗によって多少の違いが生じるだけであるということでありましょう。

さらにまた白隠さんは『人天宝鑑』よりの一文「丹を錬るの要は、蓋《けだ》し五無漏の法あり。目妄《みだ》りに見ず、耳妄りに聞かず、鼻妄りに嗅がず、口妄りに云わず、身妄りに動かさず、意妄りに使役せず」を引用されております。要は眼耳鼻舌身意の六根（感覚器管）を停止させることであり、これが錬丹の要であるというわけです。

実際われわれの生活を省みますと、余りにもこれら六識を用いすぎているように思われます。眼も耳も鼻も口も身も意も、すべて忙しく用いられている。したがって、丹を錬るなどということとは程遠いのですが、これでは少々平均寿命が延びたといっても、三百年の寿命を保つことは及びもつかないでしょう。

そして、最後に白隠さんの挙げられている「眼病の妙薬」と、「眼病の禁物」は例によって白隠さんのオリジナル作品のようであります。

妙薬の方は、一・信心（信仰心）、二・湛然《たんねん》不動（不動心）、三・無言無説（沈黙）、四・安閑無事（落ち着き）、五・万事不調法（とらわれなきこと）、六・堪忍（たえ忍ぶこと）、七・痴鈍漢（鈍重になりきること）、八・無公義（律義でないこと）という八つの味を禅定（坐禅）という水で煎じてつくるというのです。「煎じ方・服用の仕方はいつもの通り」というわけです。いつもの通りとは、ここに書かれてあることをただ実践せよとの意でありましょうが、どれを採っても皆なかなか難しいことで、それら八味を煎じて呑むところまで行かないものばかりです。もし、そういう薬が自分で調合できれば、眼病薬であるのみならず、それこそ不老長寿の仙薬に違いありません。

次は「眼病の禁物」を見てみますと、これもまた万病除けというべきものであります。一・愛欲煩悩（執着心をもつ）、二・瞋恚《じんい》小腹立《こはらだて》（腹を立てる）、三・思案分別（くだらぬことを考える）、四・身上の世話（人の世話焼き）、五・多々饒舌《にょうぜつ》（おしゃべり）、六・よみ書き（勉強）、七・法話くるい（妄信）、八・見解《けんげ》ばなし（悟り自慢）、九・公義付き合（義理つき合い）、十・辛気きの毒（同情）の十条は禁物であるというのです。白隠さんにこのようにいわれてみると、なるほどわれわれの日常生活は、片っ端から禁制破りばかりで、これでは眼も悪くなるはずよと筆者も思わず老眼鏡を外して遠くの空を見つめるばかりであります。

五　独按摩の伝――『雑纂』――

生涯独身であった白隠さんは、肩凝《こ》らしの人であったのか、「独り按摩《あんま》」というものを考案されております。別に按摩に限らず、今日色々な体操が考え出され、身体のバランスを保つことが求められております。特に、精神的抑圧の多い日常生活では、ストレスがたまり、ノイローゼにかかる人も少なくありません。そういう時代に一つの方法として、この徳川中期の白隠さんが創作された独り按摩を実行してみてはいかがでしょうか。

内容は誰にでも分かりやすいので、説明の必要はないでしょう。ただ初伝の十九に「九拝」とあるのは、禅僧が仏や祖師に対して行なう最も丁寧な礼拝法であり、額と両掌、両膝を大地に着けて行なう礼拝ですので、これを「五体投地・頭面足礼」といっています。一拝ごとに立ち上がってまた拝するというのを九回することを「九拝」というのであります。

独り按摩《あんま》の中にこの九拝が入っているところが大変ユニークだと思います。白隠さんは当然、毎日三回、日課として仏前で何十回という礼拝をしておられたに相違ありませんが、そのことが身体全体の運動になることを思いつかれて独り按摩の一環として採用されたのでしょう。

それともう一つ。後伝の最後を、「銘に曰く、長生は長息なり」と結ばれております。これは独り按摩の全体を一つかみにして一語でいうところうだと示されたものであり、要するにここでも息ということが長寿の要諦であるということ、息が長く調ったものでなくては長生きは望めないと教えられているのであります。今日われわれが行なっているラジオ体操も、最後を深呼吸で終わるのもやはり理由のあることと思われます。
ともかく「独按摩の伝」を紹介しておきましょう。

一、手の平を摺《す》る。二、指を組む。三、揉み手。四、拇《おやゆび》にて揉む。五、手の平、指の筋を揉む。六、指を引く。七、腕を逆にこき上る。八、頬を逆《さかさ》に摺り上る。九、鼻の左右を摺る。十、額を横にする。十一、眉下を逆に摺る。十二、耳を左右の手の平にて摺り下る。十三、耳を上中下へ引く。十四、耳へ人差し指を入れ一度ぬきて打つ。十五、米かみを両手にて摺る。十六、脳を揉む、頭の中渦巻《なかうずまき》よりヒヨメキを襟《えり》にかけ揉む也。十七、頭を左右へ振る。十八、身左右三度。十九、九拝。二十、左右の二の腕を摑み上下す。二十一、同所にて肩を廻す。二十二、指を組み、鼻の通りへ上げ膝を打つ。二十三、左右のコブシを以て臍《さい》裏背肩《り》を打つ。以上初伝。

一、胸をさする左右。二、腹を左右よりさする。三、手を上げて左右の耳を撮《つま》み捨つ如くす。四、左右の耳朶《みみたぶ》をつまみ、手を左右へ大いに開く。五、足を以て尻を打つ。手を組み合せ胸を打つ。六、足を以て頭を打つ。七、足首をふる。八、かゞと爪先を以てふる。九、左右のコブシにて足の裏を打つ。十、手の中指を合せ土フマズにて踏み、目を眠り、歯を叩く十二返、唾《つば》のむ三度。十一、足の甲を揉む。十二、足の指を引く。十三、足の指のマタを揉む。十四、足の甲を裏へちゞめる。十五、サンリの筋を揉む。十六、もゝの内外を揉む。十七、サンリを左右のコブシにて打つ。十八、左右の手を脊に組み合せ腰骨を打つ。十九、向《こう》臥《が》して足を開く一尺。息三度。以上後伝。已伝《でんしおわる》。銘曰《めいにいわく》、長生《ながいき》は長息《ながいき》也。

このような白隠さん独創の独り按摩の秘伝を手本にして、自分で頬をさすったり、指や足の甲を揉んだりしていると、しだいにわが身の愛しさというようなものが感じられてきて、あの毒手でもって門弟たちを鷲摑みにするような激しい家風の裏側にある白隠さんの優しさに触れるような思いがいたします。そして禅の修行というものが、結局はこの一人の人間の孤独な存在への疑問に始まり、そしてまた、他の誰にも代ってもらえないわが身の事柄へと帰っていくものであることを通感させられるような気がしてくるのであります。

さらに白隠さんが、自身で体得されたこの独り按摩の術を、こうして箇条書きして人に示されているところに、何ともいいようのないこの人の慈悲の心が見えてくるのです。一方では人に、不惜身命の、それこそ懸崖に手を撒するような大修行を強いる白隠さんの、それは「鬼手仏心」といえましょう。

さて、本章では白隠さんが主として一般大衆に向けて書き示された仮名の法語、それらは主として特定の人への手紙という形をとっているものでありますが、それらのあちこちから、これこそ白隠さんの禅の面目であろうと思われるものを引用し、出来る限りやさしく解説してみたわけであります。そしてそれらを、「白隠のことばと心」と題して配列してみたのですが、果たして、白隠さんご自身がこれを肯われるかどうか、甚だ心許無いしだいであります。

しかし、少なくとも、少年時代に白隠禅師の名を初めて耳にしてから今日まで、随分色々なかたちで馴み親しんできました白隠さんのことをいま纏めてみるとすれば、私には、白隠さんの根本にある菩薩行、それを本当に行じるために一度は通るべき坐禅修行と見性体験の不可欠さの強調、そして、坐禅修行もままならぬ病める人々にも向けられた禅の開放といったことに尽きるのではないかと思います。

それらのことを、もういちど現代の人々にも親しく知ってもらうべきではないかという気持ちから、引用文も思いきって現代かな遣いや当用漢字にしました。そして、最後に、人々によく知られている『夜船閑話』を私訳して付して置きたいと思います。すでに色んな人々による現代訳がありますが、これは『夜船閑話』の私なりの味わい方であります。少年の頃、胸を病んでいた法兄の枕辺にあった古ぼけた一冊の書が、私と『夜船閑話』との出遇いでした。いま私は一種の感慨をもってこれを味わっているしだいです。

『夜船閑話』

私訳

夜船閑話の序

※（ ）内は訳者の註

宝暦七（一七五七）年の春、京の都の本屋で小川某という人（松月堂主人・小川屋源兵衛）が、はるばる白隠和尚の侍者に左のような手紙を寄こしてきた。

伝え聞いていますところによれば、老師様のお書き捨てになっている山積みの原稿のなかに、夜船閑話《やせんかんな》と題された一文があるとのこと。その内容は、気を鍛錬し、精力を養うことで人に活力を与え、それによって長生をさせるという秘訣が中心で、いわば神仙錬丹の術ともいうべきものであるとのことでございます。もしそんなことが書いてあるならばと、世間の物知り連中が、真夏の旱々《かん》照りに夕立でも待ちこがれるように想い望んでおります。時折、それを筆写したものを持っているという雲水（禅の修行僧）があるようですが、皆んな大事そうにどこかに蔵して見せようとしません。まるで仙人だけの持つひょうたんを箱の中に匿《かく》してしまって置くようなものでもったいない話です。それでももしお願いできますならば、この一文を刷り物にして刊行し、将来のためにも、世間の要望に応えたいものと考えるしだいです。お聞きしますと、白隠和尚さまは、人のために利のあることを自分の楽しみとされるそうで、そうならばこのことこそは人々に利することでありますから、老師様もご反対なさることはないと存じますが……

このことを諒とした侍者が、その手紙を白隠和尚に呈すると、和尚はにっこりと微笑まれた。そこで弟子たちが、古い書き物の入っている箱を開けると、その半分ほどはもう紙魚《しみ》に食われてしまっているではないか。弟子たちが文字を訂正しながら筆写していくと、たちまち五十枚の原稿ができあがった。そこで早速、これを封入して京の都へ届けることになったわけであるが、私が弟子の中で年長者であるから、是非この書物の出来たいきさつを書くようにと皆から薦められたので、断わるわけにもいかず、ここに一文を草することになったのである。

老師はこの松蔭寺に住山されて四十年にもなるが、住山されてよりこのかた、全国津々浦々より自己参究のためにやってきた雲水は、ひとたびこの門を跨《また》いだが最後、老師の毒涎を味わうこと砂糖でもなめるように甘く感じ、また荒々しく痛打される棒さえ天から降りそそぐ滋雨のように受けて、山を下ることとさえ忘れてしまって、十年、二十年と辛参苦修し、やがては松蔭寺の塵となって消えることとも辞さない人も出てくるという有様である。

そのような人たちは、いずれも禅僧仲間でも特に秀れた人であるばかりか、世間にも稀なる英傑というべき人たちである。かれらはそれぞれ松蔭寺からせいぜい五、六里という処にある、古くて使っていない民家や破れ寺やお廟などに借り住まいしながら、精進苦修している。朝暮辛、昼は飢えに耐え夜は寒さに凍える生活。口にするものは菜葉麦麸、耳に入ってくるものは、老師の熱喝や雑言罵倒、骨にまで喰い入ってくる老師の拳や如意棒の撃痛というわけで、傍らでこれを見るものでさえ首をすぼめ、そんな噂を聞くだけでも、人は冷や汗を流すというほどである。さすがの鬼でさえ涙を浮かべるであろうし、悪魔外道も掌を合せて伏し拝むに違いない。

雲水たちは、この寺へやって来た時は、中国の宋玉（戦国時代の人、屈原の弟子）や、何晏《かあん》（三国時代の人）のような美男子で肌もつやつやして脂ぎっているのだが、すぐに杜甫《とほ》（唐の詩人）や賈島《かとう》（唐の詩人）のように外形が枯高で顔色も憔悴してしまって、まるで江南の地に左遷された屈原が沢のほとりで失意の詩を吟じているのに出遇ったかと思われるほどである。禅に参ずるためには身命さえも惜しまないような秀れた修行者でなければ、何の楽しみがあってひとときもそのような場所に居ることができよう。そんなわけで、修行が度を過ぎ、精進苦労が節度を越すような人は、肺を患い、水分も枯れて疝気《せんき》（下腹の病）の痛みに悩まされるような難治の重病を起こしてしまうのである。

老師はこれを深く憐《あわ》れみ愁えられたがためにお顔の色もさえぬ日が続き、それまで他人に語ることをせずにこられた内観の秘訣を、全くの老婆心を振り絞って伝授されたのである。その内容はこうである。

参禅弁道の秀れた修行者が、心臓が乱れ、身心が疲労し、五臓が調和を失い、鍼・灸・薬の三つでこれを治そうとするときは、たとえ中国第一級の名医と知られる華陀・扁鵲《へんじゃく》あるいは倉公というような人でもそう簡単に治療することはできない。そこで私が仙人の秘訣を教えるからお前たちはその通りに修してみるがよかろう。その効果たるや雲や霧が散り消えて、明るい太陽の輝きを見るようなものだろう。

その修し方は、まずしばらく与えられている公案（坐禅によって追求する課題）を工夫することをやめ、とにかく一度ぐっすりと睡《ねむ》ることだ。まだ睡りにつかず瞼を合わす前に、ゆったりと両脚を伸ばして、強く踏みつけるように揃え、身体中の気を臍《へそ》の囲り・下腹・腰・脚・足心（土踏まず）の辺りに充実させて、次のような観を起こすのである。

自分のこの気海丹田（臍《へそ》の下）・腰脚足心は、すべて本来の自己そのものである。ではその自己にはどういう目鼻がついているか。自分のこの気海丹田は、すべて自分の帰るべき家郷である。では、その家郷はどのような状況であるか。

自分のこの気海丹田は、すべて自分の内にある心でできた浄土である。ではその浄土はどのように飾りたてられているか。

自分のこの気海丹田は、すべて自分のからだという弥陀のお姿である。ではその弥陀如来はいかなる法を説いておられるか。

右のことをつねに繰り返し繰り返し想像するのである。そうしているうちに一身の元気がいつの間にか腰脚足心の間に充満し、臍下がひょうたんのように張りつめ、固い皮の鞠のようになる。このようなことを、毎日続けていくと、五日から七日、さらに二、三週目になり、それまで積もり聚《あつ》まっていた気の抜けたような気分や、気の重々しい疲れの症状がすっかり治るのである。もし治らなかったなら私の頭を切って持って行くがよかろう。

老師がこのように教えられると、弟子たちは大いに歓び、感謝の礼拝をして、早速それぞれが実践をした。果たせるかな、誰にもみな不思議な効果が顕われたのである。効果の早い遅いはあっても、それは実践の仕方の精麤《そ》による違いなので止むをえないが、しかし大半は全快したのである。弟子たちは皆な、内観法の素晴らしい効果を讃美するばかりであった。

すると老師はいわれた。皆なの者よ、心病（神経衰弱的な病気）が治ったからといって喜んでいてはならない。少しでも病気が治ったのなら、その分だけ坐禅に励まねばならないのだ。少し悟ればさらに先へと進むのだ。私など、初めて坐禅を始めた頃、難治の重病を発したが、その苦しみというものはお前さんたちのものの十倍であったぞ。もう進退窮まってしまって、日常心の中で、こんな苦憂の中で生きているよりも、早く死んでこんな身体を捨ててしまった方がどれほどましかと思ったものだ。ところがどうだ。この内観の法というものを授けられたお陰で、今のお前さんたちのように病は全快してしまったのだ。

至人（真実の道を会得した人）のことばによると、この法は神仙の行じる長生不死の神術であるという。普通の人間、あるいはそれ以下のものでも三百年生きること確実、その他の者は寿命を数えることもできぬというのだ。これを聞いて、私は喜びおさえがたく、三年間せっせとこの内観の法を修した。すると心身がしだいに健康を回復し、気力もしだいに勇壮になってくるのがよく自覚できたものだ。そこでまた考えた。こうして内観の秘法によってたとえ彭祖《ほうそ》（中国の仙人、長寿の代表者とされる）のように八百年生きたとしても、内容のないものであっては死人番の鬼に過ぎぬではないか。年老いた狸が穴ぐらで睡っているようなもの、要するに滅びの人生に過ぎぬのだ。それが証拠にいまだに葛洪・鉄拐・張華・費張というような仙人に出会わないではないか。もしそうなれば、ここは一番大乗仏教の精神である四弘《しぐ》の願（衆生を済度すること、煩悩を断つこと、仏教を学ぶこと、仏道を完成することの四つの願い）を起こして、悟りへの道を正しく生き、常に人々に教えを説き、虚空よりも早く死んだり、虚空に後れて死んだりではなく、まさに虚空のごとく不生不滅の真実の自己を発見し、真の意味で絶対不壊の仙人になるにこしたことはないぞと覚悟を決めたのだ。

そこで真面目に道を求めている二、三人の道友を誘って、内観と参禅とを同時並行的に行なうやり方によって、且つは（身心を）耕し、且つは（心身と）戦うという逆説的な修道生活を続けてもう三十年にもなろうか。そうするうちに、年とともに一人増え二人増えして、今では二百名の修行者が集まって来たのである。長い年月の間には、全国各地からやって来た雲水の中に、身心ともに疲労倦怠するものがあれば、心火逆上してまさに発狂しそうなのもあるというわけで、私はかれらを憐れんで、秘かにこの内観の至要を伝授してやると、たちどころに全快して、また悟りの道を突き進んで行ったのである。

私は今年七十歳を越えたが、病気らしきもののかけらもないし、歯一本欠けていない。それどころか、眼や耳がいよいよはっきりしてきて、どうかすると眼鏡を忘れたりするほどである。毎月二回の提唱（禅録の講義）に倦怠を覚えることもなく、頼まれれば何処へでも出かけて三百人五百人の人々を相手に、五十日、七十日という長期の間、経典であれ語録であれ、雲水の望みに応じてしゃべりまくってきて、もうそんなことを五六十回もやっただろうが、全部最後の最後までやり抜いて、お別れパーティーをしなかった試しはない。身心健康、気力の点では二十や三十の頃に比べるとよほど勝っているといってよい。これというのもみなあの内観のお陰であることは間違いない。

白隠老師がこのようにお話しになると、遠近から参禅に集まってきていた人たちが、口々に、老師さん、どうか大慈悲心をもって、その内観の法の大略を書いて一本の書にして頂けないでしょうか、そして将来の参禅者で私たちのように禅病にかかって疲労困憊《こんぱい》する者をお救いくださるようにと悲泣作礼すると、老師は、それではと肯われたのである。

原稿は直ちに出来上った。その内容に説いてあるところは要するに何であるか。

それはこうだ。いったい、いのちを養い、長寿を保つためのポイントは、形を錬る（身体を鍛える）以外にはない。形を錬る要領は、神気（身体中の気）を丹田気海（臍下三寸）に凝縮せしめることである。神《しん》が凝縮すれば気も集中する。気が集中すれば、真丹というものができる。丹ができると形（身体）は固くなる。固いということは神（身体の中の気）も完全ということ。神が完全であれば寿命は長いのである。これは仙人のいう九転還丹（九度煉って作る丹薬、万金丹）の秘訣と一致したものである。

注意すべきは、丹というものは決して物ではないということだ。何といっても、結局は、心火を降ろし、それを気海丹田に充満させるだけである。お前たちそれぞれ庵に住んで坐禅に励むものたちも、この内観法の要領を勤めて修すれば、そして怠けずやり抜けば、禅病が治り、疲労がなくなるのみでなく、禅の道も究極のところにまで到達し、長年の間、人生上の大疑問に撞着してきた人も、ついに呵々大笑の境に至るのだ。

「月高くして城影盡く」（月が中天に至れば天守閣の影は無くなる。）の一句があるのはいったい何のためなのだ。

宝暦七年一月二十五日

窮乏庵主人、飢凍、香を焚いて合掌低頭して草す。

夜船閑話

私は禅に参じ始めた頃、仏の前に誓いを立て、勇猛の心を奮起し、精励刻苦すること二、三年、ついにある夜忽然として悟りを得た。それによってそれまで自分につきまとっていた人生上の大疑が私なりに氷の溶けるように融け去り、永遠の昔から巣くっていた迷いの根も、徹底的に水泡の消えるがごとく滅してしまった。それで自分でも、仏道というものがいかに人間の側にあるかに驚き、それにしても昔の人たちが悟るために二十年三十年と修行をつづけたとは一体どうしたことかと、数カ月のあいだ一人よがりに喜んでいたが、よくよく反省してみると、日常生活の中での行ないが坐禅のときの心境と調和せず、そのため生活のひとこまひとこまが、すべて水の流れるようにさらさらと行かないのに気づいたのである。

これは自分の修行が足りないからであると考え、もう一度死にきってしまうような坐禅修行をし直すことを決心し、歯を食いしばり両眼をカッと見開いて坐り、寝食を廃してこれを続けた。ところがそうこうするうち、まだ一月も経たぬのに、心火が逆上し、肺が燃えるように感じ、逆に両脚はまるで氷か雪に浸しているように冷たく、両耳は鳴ってまるで川渡りでもしているようであった。肝臓といい胆嚢《たんのう》といい、常に怯えたように弱くなり、何かしようと思うと恐怖が先立ち、神経が困憊し、寝ていても醒めていても、幻想に悩まされるばかり。両腋の下からはいつも冷汗が流れ、両眼にはいつも涙がたまるという有様となった。

そこであちこちの老師の門を叩いて参禅したり、名医と聞こえる人を探して歩いたけれども何ら効き目が顕われない。困っているところへ、ある人から次のような噂を聞いた。

京の都の白河の山に巌居している人が居て、世間では彼を白幽仙人と呼んでいる。年齢を百八十歳とも二百四十歳ともいい、人里を去ること三、四里の山奥に住んでいる。人に会うことを好まず、誰かが訪ねていくと、そそくさと逃げてしまうそうで、世間の人は彼が賢人であるのか愚者であるのかさえ判からないという。辺りの里人は、仙人だといい囃している。聞くところによると洛東の隠士として名の高い、あの石川丈山の先生であって、天文に通じ、医学にも深い造詣のある人の由。礼を尽して教えを乞う者があれば、例外的に会ってほんのわずか口を開かれるようだが、その微言たるや、後になって考えれば考えるほどに利のあることばかりだという。

そういう話を聞いたから、宝永七年の一月中頃、こっそりと旅支度を整え、東濃（美濃の東にある霊松院）から出発、京都東山の黒谷を越えてまっすぐに白河の村に行った。茶店に荷物を落ろし、白幽仙人の栖んでいるところは何処かと尋ねてみた。

里人は遙か彼方に流れる一本の谷川を指さし教えてくれたので、その谷川の流声に従ってどんどんと山渓を登って行った。ちょうど一里ほど行くと、渓の流声が止んでしまい、樵径も分からなくなってしまった。

折しも一人の老いた爺さんが降りてきて、さらに遙かにたなびく雲烟の間を指してくれた。その方を眺めると、黄白色で三センチ四方ほどの四角い穴が山気の流れに随って見えかくれする。あれが白幽仙人の住んでおられる洞窟の入口に吊ってある蘆《あし》の簾《みす》だという。

私は早速に衣の裾をかかげて山道を急いだ。岩を踏み、いばらの林をかき分けて行くと、氷雪がわらじに染み込み、雲露が衣を濡らすありさま。その中を身体中汗びっしょりになって、やっとあの簾の処まで辿りつくと、風致清絶、その見晴らしのよさは抜群で、さすがにここは世俗を遙かに超えているという実感があった。

余りの雰囲気に心魂が恐れ戦《おのの》き、鳥肌が立つのであった。とにかくしばらく大きな岩にもたれて数百回ばかり深呼吸をしたあと、衣を著《つけ》なおし、襟を正して、恐る恐る身をかがめて簾の中を窺うと、薄明の中に眼を閉じてきちんと坐を組んでいる白幽仙人の姿がぼんやりと見えた。白髪混じりの頭髪が膝まで垂れ、その顔は棗《なつめ》の実のように朱くつやつやしている。大きな一枚の布を身に巻き、柔かい草を敷いて坐っている。洞窟の中はわずか五、六尺四方の広さで、生活用具はひとつとして無い。ただ机の上に、『中庸』と『老子』と『金剛般若経』が置いてあるだけであった。

私は丁重な挨拶を申しあげたあと、詳しく自分の病気の原因を説明し、何とか治癒して欲しいとお願いした。しばらくすると白幽仙人は眼を開き、熟々《つら》と私を打ち眺め、ゆっくりと話し始められた。

自分はこの山の中で半死半生の暮らしをしている無用者で、栗の実のようなものばかり食べ、鹿などの動物と一緒に寝ているという人間。外のことは何にも知らないのです。そんな私のところへ、はるばる遠方から来ていただいたご苦労を思うと愧《はず》かしいしだいですと。

しかし私はしつっこくお願いを続けたので、仙人はついに私の手を静かに捉えて、丹念に五臓の状態を調べ九候（九カ所の脈どころ）を観察された。仙人の指の爪は五分（約一・五センチ）も長くのびている。やがて額に皺を寄せ沈痛の面持ちでいわれた。

これはどうにもならんな。坐禅が度を越し修行が節度を失っているから、こういう重病になってしまったのだ。このような禅病ぐらい医術で治らぬものはない。鍼・灸・薬というようなもので治そうとしても、かの扁倉や華陀のような名医がどんなに努力をしても奇功は得られまい。あなたは坐禅のために身体を駄目にしてしまったのだから、よほど根気よく内観の法を続けなければ再起不能となること必定である。これこそ「地に倒れる者は地に依って起つ」（『入大乗論』の一句）ということばのいわんとしているところである。

そこで私は、どうかその内観の秘術を教えて頂きたい、そして学んだら実行したいのですというと、白幽仙人はにわかに厳粛な顔になって、ゆったりと落ち着いていわれた。

ああ、あなたは好奇心の強い人だな。それじゃ私が昔聞いた話を少しあなたに告げることにしよう。これは養生の秘訣であるが、知っている人は稀である。これを怠ることなく続ければ、必ず奇功がある。それればかりか長生きさえもできるのだ。

そもそも万物の根本は陰と陽の二つに分けられるのであるが、人間もこの陰と陽が交和して成り立っている。生まれる以前の「元気」が身体の中間を音なく流れ、五臓が列なり、経脈が全身にゆき渡っている。気と血が一日に身体中を五十回昇降循環する。肺金（肺臓）は陰の臓で、横膈膜の上にあり、肝木（肝臓）は陽の臓で横膈膜の下に沈んでいる。心火（心臓）は太陽で上部にあり、賢水（賢臓）は大陰で下部にある。五臓には七神（肝には魂、肺には魄、心には神、脾には意と智、腎には精と志という七つの霊力）があり、脾臓と腎臓にはそれぞれ二つの神がある。吐く息は心臓と肺臓より出るのに対し、吸う息は腎臓と肝臓へ入るのである。一呼に気血は三寸（約十センチ）、一吸にも三寸、一昼夜に一万三千五百の気息があり、気血が身体中を巡行すること五十回する。火は軽いから常に上昇を好み、水は重いので常に下の方に流れようとする。

もし人がこの道理を知らずに、坐禅が節度を越し、志気がはやり過ぎると、心火が燃え過ぎて肺金を焦がしてしまう。金が苦しむと、水が増々減少する。それが悪循環を起こして、お互いを傷め五臓が疲れ、六腑まで乱れる。そして人体を構成している地水火風の四元素が損傷を起こして、それぞれ百一の病を生じる（いわゆる四百四病）。こうなるともう百薬も間に合わず、どんなに医者を集めても手を拱ねくばかりで、いうべき言葉に窮してしまうのである。

養生ということは、ちょうど国を守るのに似ている。賢明な君主は常に下々の民衆のことに心を配るが、暗君になると自分の立場だけを守ることに心を使う。上ばかり見て、自分の勝手ばかりしていると九卿（官僚）がはびこり、百官は天子に甘えて全く民衆のことを顧みない。世間は飢えて顔色の冴えない人が増え、餓死するものも多く出る。賢臣良士たちは姿を晦《くらま》し、人民は嘆き恨むのみ。諸侯は造反し、夷狄《いてき》が相い争って民衆を苦しみに陥れ、ついに国家は滅びてしまうのである。

これに対し、心を下々に配るならば、九卿や百官もよく無駄をやめて倹約し、つねに一般民衆の労疲のことを忘れることがない。農民たちには余穣が生じ、婦人たちも着物をたくさん作り、多くの賢人が天子のもとへ集まってくるから、諸侯も恐れ服従する。このようにして民は富み、国は強くなり、命令に違反する人民なく、境界へ進入してくる敵もない。国内には戦いの声が止み、民衆は武器の名さえ知らなくなるであろう。

人間の身体についても同じことがいえる。至人（道を体得した人）は常に心気を身体の下部へ充たせるようにする。そうすると、七凶（喜・怒・憂・思・悲・驚・恐の七情の狂いによる病）が体内に動くことなく、四邪（風・寒・暑・湿の四気がもたらす邪気）も外より入り込むことができない。気血が充満し、心神ともに健全である。薬とて飲む必要なく、身に鍼灸の痛みを受けることがない。凡人は常に心気を上に昇せっぱなしであるから、左の心臓、右の肺臓を傷め五官（眼・耳・鼻・舌・皮膚）が縮まり疲労し、六親（眼耳鼻舌身意の六根）は苦しむばかりとなる。

そういう理由で、荘子は「真人は踵《かかと》で息をし、衆人は喉で息をする」とおっしゃっているのであろう。許俊（朝鮮の医学者）も、気が臍下丹田にあれば息は長いが、気が胸の方へ集まると息は短くなる。上陽子（元の陳致虚のこと、神仙錬養に通ず）が、「人間には真実にして純一な気というものがあり、それが丹田の中へ降りてくると一陽が来復する。だから人がもし始陽が初めて復するのを知りたければ、丹田腎水の辺りの暖かい気を見ることによって判断するがよかろう」といっている。何といっても生を養う方法は、上の方を清涼にし、下部は温暖にしておくことが大切である。

経脈の十二（心経・肺経・肝経・脾経・腎経・胆経・胃経・大腸経・小腸経・膀胱経・心包経・三焦経の十二）は、十二支（子・丑・寅・卯・辰・巳・午・未・申・酉・戌・亥の十二）に配分し、これが十二カ月に対応し、時間の十二時に合致する。さらに六爻《りっこう》（易の卦を構成する六つの画線）のなかの陰の爻《こう》と陽の爻とが変化し周って一年が出来上っているというわけである。五陰爻が上で一陽爻が下になるのを「地雷復」といい、季節では冬至の候である。さきに「真人の息は踵をもってする」といったのがこれにあたるであろう。

三陽が下にあって三陰が上にある卦は「地天泰」といい、正月の候である。万物が発生する気を含んでおり、百花が開くべく恩沢を受けている様子。至人が元気を下の方に充実させる象《かたち》であり、人がこれを得れば気血が充実し、気力も勇壮になる。五陰が下にあって一陽が上にあるのを「山地剝《はく》」といい、九月の候である。自然はこの時に当たると、森林や公園の樹も色を失い、花も凋《しぼ》んで落ちる。これは「衆人が喉をもって息する」象にあたり、人がそのようにすれば、姿や顔色もつやを失い、歯も抜け落ちる。そういうわけで、『延寿書』に、「六陽が全部なくなってしまって全陰の人は死ぬほかはない」とあるのである。だから、元気は常に下の方に充実させることこそ生を養うために最も大切なことだと知らなくてはならないのである。

昔、呉契初という人は石台先生の室に入るに当たって身体を清め、仙薬である金丹の製法について教えを乞うた。すると先生がいわれるには、自分は非常に奥深い真丹の神秘を心得ているが、これは余程の器量のものでなくては伝授することはできない。その昔、黄成子なる人がこの秘術を黄帝に伝えたといわれるが、当の黄帝でさえ二十一日の間斎戒してこれを伝え受けたというほどである。

いったい大道のほかに真丹なく、真丹とは実は大道のことなのである。ここに「五無漏の法」というものがある。もしお前が、六欲（色欲・形貌欲・威儀姿態欲・語言音声欲・細滑欲・人相欲）を捨て、五管が自由に解放されるならば、何ともいえぬ本源の真気が彷彿として目前に充満する。これこそあの大白道人が、「自分が先天的にもっている天性が、天そのものと合体する」といった状況そのものである。孟子のいい方だと、「浩然の気を臍輪・気海丹田のあたりへ集中させ、長い年月のあいだこれを守り抜き、これを養い無自覚なまでに馴らしきって、ある瞬間に錬丹のかまどをひっくり返してしまうならば、内も外も、中間も四方八方が、一つの宇宙大の大還丹となる」といっているものです。

そのとき同時に、自分もまた、天地とともに永遠であり、しかも虚空とともに滅し去る絶対の大仙人となったことを自覚するであろう。こういう時をこそ、真の金丹づくりが完成した状況というのである。それをどうして、風を思うように動かしたり、霞に乗ったり、地を縮めたり、水上を歩いたりするような幻術を見せて喜んでいるような連中と同日に談じえよう。

こちらは大海の水を攪《か》きまぜて酥酪《そらく》を作り、この荒地の土を黄金にするのだから。昔の賢者はいっているではないか。「丹は丹田、液は肺液である。その肺液を丹田に還すゆえに、金液還丹というのだ」と。

このように白幽仙人が語られたので、次のように私は申しあげた。お教えはしかと承わりました。これからは坐禅を中止して、この養生専一に努めようと思います。ただ一つ心配なのは、李士才（明代の医者）がいうような、清降にかたより過ぎるようなことはありませんか。余り心を丹田に集めすぎると、かえって気血が停滞するようなことになりませんか。

すると白幽仙人はにっこり笑っていわれた。

そんなもんじゃない。李氏もいっているではないか。火の性質は炎上だと。だからこれを下降させなくてはならぬ。水は下る性質があるから、これを上らせるように努力する。水が上り火が下ることを「交」というのだ。交れば「既済」、交わらなければ「未済」というわけである。ところで交は生の象《かたち》、不交は死の象だ。李氏が清降は偏りだといっているのは、丹渓（元の医者）の弟子たちが清降を重視しすぎるからである。古人は「相火が上の方へと上ると身体が苦痛を感じる。水を補うのはその火を消すためである」と教えている。どういうことかというと、火に君火と相火の二種があり、君火（心臓の火）は上部にあって静の役目をし、相火（腎・肝の火）は下部にあって動を司《つかさど》るということである。

君火は一心の君主であり、相火は宰相であるが、相火にも腎と肝の二つがある。肝は雷にあたり、腎は龍に相当する。そして、龍を海底に帰らせるならば、雷雨もなくて済むのである。また雷を池の中に潜らせれば、龍が飛び交うということもない。海であれ池であれ、水でさえあればよいのだ。こういうのが「相火上り易きを制す」という語の意味であろう。

白幽仙人はまたいわれた。心が疲れると血気が衰えて心火が逆上してこれを熱する。血気が衰えたとき、これを補うには心火を降下させて腎水に交わらせるのがよい。これが「補う」ということである。易では「既済」である。あなたはさきに心火逆上してしまったためにこのような重病を発してしまったのだ。

もしその心火を降下しようとしなかったら、たとえ三界（欲界・色界・無識界という三つの迷いの世界）の秘法をいくら行じても、再起は望めまい。なおまた私の格好は道教の坊さんに似ているから禅には無縁と思われるかも知れないが、これこそが禅なのだ。そのうち気がついて笑って肯ってくれることもあろう。

そもそも観（止観・坐禅）というものは、「無観」こそを正観とすべきものであり、あれこれを観ずるのは邪観である。今まであなたの行じていたものはどうやら多観というもので、それがこの重症の原因となったらしい。いまこれを救うには無観によってするのがよいのではあるまいか。

あなたがその燃えさかる心火を丹田と足の土踏まずのところに集めるならば、胸の中が自然に清涼になり、あれこれの思惑もなく、いささかも心の波立ちはなくなるであろう。これが「真観清浄観」である。しばらく坐禅を中止するなどという必要はない。仏陀は「心を土踏まずにおさめれば、百一の病も治る」と説いている。阿含経にも酥《そ》（乳を煮て作った清涼剤）を用いてする観法を教えており、これが心の労疲を救うのは不思議なほどだ。また天台の摩訶止観には、病因を論じ尽くしているし、治療の方法についても実に詳しい。十二種の呼吸法によってあらゆる病気が治るとする。臍の中を観ずることによって豆子を見る方法もある。その大意は心火を降下して丹田と土踏まずに収めることを至要としている。

これらは単に病を治すだけでなく、大いに坐禅をも助けるのである。特に繋縁《けいえん》と諦真《たいしん》の二止（瞑想法）がある。「諦真」は実相の円観（世界の実相を完全に観じとるもの）であり、「繋縁」は心気を臍下丹田に収めて持続させることを第一とするのである。修行者がこれを実践すれば大いに利益がある。

昔、永平寺の開山（道元禅師）は、宋の国に行って天童山に登り、如浄《にょじょう》禅師に相見した。ある日、道元は如浄禅師の居室へ入って個人的な教えを受けた。そのとき如浄が教えたことは、坐禅のとき心を左の掌の上に置けということであった。これはちょうど天台大師が教えられた繫縁止の略式であろう。天台大師がこの繫縁止という坐禅法を教えることによって弟子の修行者たちを死の重病から救われたことが『小止観』の中に説かれている。

また白雲（守端）和尚は、自分は常に心を腹の中に充たしておくのだ。弟子を指導し、僧院の大衆を統御し、外来の賓客の相手をし、その他あらゆる場合に対処したり、大、小の講義をしたりという忙しい日常の活動の中でも腹中の心を用いれば決して尽きることがない。この頃年老いて特にその利益を自覚するようになったしだいである。まことに貴ぶべきことではないか。これがあの『黄帝素問』に、「恬澹《てんたん》虚無ならば、真気これにしたがう。精神、内に守らば、病いずれより来たらん」と説いている語にもとずかれていわれたものであろうか。

特に心を内に守る仕方は、元気を身体の中に充塞させ、三百六十の骨節、八万四千の毛穴のすべて、いささかも心の欠けたところのないようにしなくてはならない。これが生を養う至要である。

彭祖《ほうそ》（八百年生きた仙人）の言葉に次のようにいう。「精神を和らげ心気を導く方法は、深く密室を閉じ、臥床を置き、敷物を暖かくし、枕の高さを二寸半（約八センチ）にして、正しく仰臥し、眼を閉じて心気を胸の中に集め、鴻毛（おおとりの羽毛）を鼻の先に置いても動かないほどの静かな息を三百回繰り返していくと、耳に何も聞こえず、目も何を見るものとて無くなる。このようになれば寒い暑いも無くなり、蜂やさそりも毒することができない。寿命三百六十歳ともなれば、それはもう殆んど真人といってよい」と。

また蘇内翰《そないかん》（蘇軾《そしょく》あるいは東坡《とうば》居士とも）はいう。「腹がへってから初めて食べ、腹一杯になるまでに止める。それから散歩し、せいぜい腹をへらし、充分腹がへったら静室に入り、きちんと坐って黙々として出入の呼吸を教えよ。一息より数えて十に到り、十より数えて百に到る。百より数えて千に到って、やがてこの身体が兀然《こつぜん》として不動になり、この心の寂然たること虚空のようになる。このような状態がしばらく続くと一息おのずと止まり、息の出入がなくなるとき、この息は八万四千の毛孔より雲や霧のように出て、無始以来の過去のもろもろの病が自然と無くなり、もろもろの障害も自然に無くなっていくのがはっきり分かるであろう。それはまるで、眼の見えなかった人がたちまち眼を開いたようなものであろう。そうすれば人に路を尋ねる必要もなくなってしまう。要するに必要なことは、日常的なおしゃべりを止めて、ただお前の元気を養うことだけである。だから、目の力を養う人は常に目を閉じ、耳の力を養う人は常に聞くことを避け、心気を養う人は常に沈黙するべきだ」と。

私は、酥を用いる方法についてもお聞きしてよいでしょうかとたずねた。すると白幽仙人は次のように教えてくださった。

修行者が坐禅中に四大（地水火風）が調和を失って疲れを覚えたならば、自覚的にこのように観想をするがよろしい。たとえば、色や香りが清浄な輭酥《なんそ》、その大きさが鴨の卵のようなものを頭のてっぺんに置いたと想像する。するとその気味は微妙に頭全体を潤おし、やがてしだいに浸々と下の方に流れて両肩から両腕、両乳、胸の上、肺、肝、腸、胃、脊骨、臀の骨としだいに潤していく。それと同時に胸の中にある五臓六腑のなかの溜りものや、疝気や局所の痛みも、心に随って降りていくことが、水が下手へ流れるようにはっきりと音に聞こえる。全身をへめぐり両脚を温かく潤し、足の裏の土踏まずに至って止まる。

修行者はここでまた次のように観想するがいい。先程、浸々と潤下したあの輭酥が身体の下部に溜り、それが暖かく身体をひたすことは、まるで良医が世界中の香り高い薬を集め、これを煎じて盥《たらい》の中に一杯に入れ、そのなかに入って自分の臍《へそ》より下を漬けひたしているようなものだと、こう想像する。そうすると、すべては心の現われであるから、鼻には稀有な香りが漂い、肌もにわかに輭酥に触れているような感じを受ける。こうして身心の快適なこと二、三十歳の頃よりもはるかに勝ってくる。そうなると五臓六腑のわだかまりは融けて消え、胃腸は整い、知らず知らずに肌がつやつやしだす。このやり方を怠けず続けるならば、治らぬ病気というものは一つもない。どんな徳さえもひとりでに積み、また仙術も身につき、すべての道が成就する。ただこの効験の遅い早いは、修行者の努力にかかっているだけである。

この白幽も、少年時代には多病に苦しんだことはお前さんの十倍というところだった。どんな医者にも匙を投げられてしまった。あらゆる手段を求めてみたが、救ってくれそうな術はひとつもなし。そこで天地の神々に祈り、冥護を乞うたのであったが、何という幸運か、この輭酥の妙術を伝授されたのである。それからというもの綿々としてこれを実践しつづけたのである。するとまだ一カ月もたたないのにもろもろの病はほとんど治ってしまった。それから以後は身も心も軽々しく感じるばかりである。

無智愚鈍なもののごとく、大の月か小の月かも覚えず、うるう年のことも忘れているうちに、世俗の心がしだいに軽微になり、欲望ばかりの世間的な習慣も忘れてしまった。いま自分はいったい何歳なのかも分からなくなってしまった。

たしかに中年のころ、理由があって三十年ほど若狭の国（福井県）の山中に潜んでいたのだが、世間の誰もが気づかなかった。いまあの頃のことをかえりみても、まるで黄粱半熟の夢（いわゆる邯鄲《かんたん》の夢）のようだ。

いま、この山の中でたった一人、枯れはてた身体に大きなひとえの布を二三枚ひっかけているのみだが、真冬の寒中、綿をも突き通す寒夜でさえ、枯腸を凍傷するというわけでなし、山の木の実もなくなって、穀物の類を食べないことが数カ月続いても、少しも飢えを感じないというのも、みなこの観法の力であろうと思う。

自分はいま、一生涯使っても尽きることのない秘訣をあなたに告げたのであるから、もはや何もいうことはないといって、白幽仙人は瞑目して坐禅に入ってしまわれた。

私は別れの涙をのんで、丁重にお礼を申してその場を立ち去ったのである。ゆっくりと洞の入口から下ってくると木々の梢に夕日の残照が映えている。突然下駄の音が谷間にこだましたので、驚き怪んで辺りを見まわすと、遙かかなたの洞窟の前に出てきて私を見送っておられる白幽仙人の姿があった。そして仙人は「人跡未踏の山路は、西も東も分かるまい。お前さんはきっと迷い込んでしまうだろうから、このわしがしばらく帰り路を案内してやろう」といって、大下駄をはき、細い杖を曳き、高い巌を踏み、峻しい山路を歩かれたが、それはあたかも、飄《ひょう》々として平坦の道を行くようで、談笑しながらどんどん先へ行かれた。一里ばかりの山路を行くと、来たときのあの渓水のところに出た。仙人は、この流水に随って下流へ向かうと必ず白河の村に出るからといって惨然として引き返して行かれた。

私は、しばらく白幽仙人の姿を見送ったが、その老歩の勇壮なことは、飄然として俗世間を遁れて羽根をつけて仙界へ帰って行く人のようであった。そのお姿は、かつは羨《うらや》ましくもあり、かつはとても寄りつけぬものと思うばかり。そしてこのような人に一生随うことのできぬ自分を恨んだしだいであった。

あれから後ろ髪を引かれる思いで帰ってきて、時折あの内観を一人でやってみているのだが、まだあれから三年にもならぬというのに、今までのいろんな病は、薬も飲まず、鍼灸も用いずして、自然に治ってしまった。ひとり病が治ったばかりではない。それまでは歯も立たなかった難信難透・難解難入の公案が、根底まで理解でき、大歓喜を味わったこと六、七回。小さな悟りになると、手の舞い足の踏むところを知らぬような体験を何度したか数えられない。妙喜（宋の大慧禅師）が「大悟十八度、小悟数を知らず」といわれたことの意味を初めて知り、その真実性がわかったのである。

その昔は二、三足の足袋を履いても足の裏は氷雪につけているように冷たかったのに、今は真冬厳寒の日でも足袋は履かず、火鉢も入れず、もう馬齢七十歳を越えたというのに、病気というものの半点もないのは、あの仙人から授けられた神術のお陰というべきであろう。

どうか、この話を聞いて、あの半分棺桶に足を突っ込んだ白隠が、理屈に合わないようなつまらぬ談義を覚えていて、その辺の秀れた修行者を誑惑するつもりかなどといわないで欲しいものだ。この話は、生まれつき宗教的天分があって一槌を受けるだけで大悟徹底に至るような俊才の修行者のためにしているのではない。私のような愚鈍で、修行が度を越して病に苦しむ人が看て、これを注意深く観察すれば、いくらかでもその人のお役に立つと信じるからである。ひとつ気にかかることは、やはり人によっては手を拍って大笑いするに違いないことだ。なぜかというに、「馬、枯萁《こき》を咬《か》んで、午枕に喧《かまび》すし」（黄庭堅の詩、馬はご気嫌で古い萁を噛んで戯れているが、昼寝をしようとしている私にその音は大いに邪魔になる、の意）というから。

あとがき

筆者が白隠の名を初めて知ったのは、確か中学生の頃であったと思う。その頃毎年正月八日になると、隣寺の和尚がやって来て、檀家の善男善女に法話をされたのを、小僧の筆者も無理矢理聴かされたのである。敗戦直後の混乱期でもあり、まして人々の生活は貧困のどん底にあった。本当をいえば当時の人々に、ゆっくり禅の話など聴く心のゆとりなど無かった筈なのに、四〇ワットの裸電球が一つ高い天井から吊されただけの薄暗い夜の本堂には、今よりもっともっと多くの人が集って話に聴き入っていたように思う。

話の題材は決って「白隠禅師坐禅和讃」で、話の初めに和尚が和讃の全文を美しい声で暗誦されるのを羨ましくも聴き惚れたものである。話の内容は何も憶えていない。後になって道場から帰山してきた兄弟子の柳行李の中に赤い表紙の『夜船閑話』という本があるのをチラッと見て、通俗小説と勘違いしたが、白隠禅師著とあって二度びっくりしたことがある。後に分かったことだが、彼はその頃結核で肺を病んでいたのである。

大学では禅学を専攻したから、白隠が「五百年間出の人」であり、「日本臨済禅中興の祖」

と仰がれる人であることなどについてはやがて筆者の常識となったが、『荊叢毒蘂』や『槐安国語』などという難しい語録を手にすると手も足も出ない挫折感のみ残って、白隠への関心は薄れた。

南禅寺の僧堂に在錫中、柴山全慶老漢の提唱講本は『白隠・東嶺、毒語注心経』であり、ふたたび白隠和尚との日々相見ということになった。東京博物館の竹内尚次氏の『図録白隠』が公刊されたのはあたかもその頃であったか。それは氏が全国津々浦々に白隠の遺墨を渉猟して一本とされた豪華美術本であるが、これ程に白隠を人々に親しませたものは他にないであろう。白隠みずから画いた自画像の面構えは誰の眼にも印象的であり、出山釈迦、達磨、あるいは臨済などの画には寄るべからざる禅機が漲っていて寒毛卓竪の思いがした。

数多い遺墨のなかで、しかし何といっても筆者にとって最も親しいものは、「南無地獄大菩薩」の一行大書である。幼少の頃、地獄の絵図に恐怖して出家した白隠が、一生を捧げて取り組んだ脱地獄のひとすじ道が、禅者白隠を揺ぎなき大悟の人に仕上げたのは周知のところであるが、その白隠が晩年八十歳を過ぎてからしきりに「南無地獄大菩薩」と書して地獄を拝んだ事実が一体何を意味するのか、白隠の真意は何処にあるのか、人々の理解はさまざまであろうが、実存哲学かぶれの筆者にはまことに我が意を得たりの感が強く、いらい白隠が本当の意味で好きになった。

白隠の年譜（伝記）や法語の類を注意ぶかく読むようになったのは、この十年来のことである。そしていま、漸く白隠という人の、あの毒手の裏にひそんでいる独特の優しい人間愛に気づくようになってきた。白隠は人が語るほどに強気の禅者ではない。自画像の賛に「千仏場中千仏の嫌と為り、群魔隊裡、群魔の憎と為る」と書く白隠さんは、仏からも魔からも嫌悪される自分のありようを、人知れず噛みしめていたのではないかと思う。仏魔に嫌われ憎まれてというのを、禅者独特の自負の仮面と見る向きもあろうが、やはりその奥に白隠の実存的な孤独性が見えかくれする。そのことは、弟子東嶺への手紙などを読めば一層はっきりする。

本書を白隠入門とした理由は、白隠理解のそういう新しい再出発ということにある。平易に語られた法語や手紙をもう一度読み直して頂くために、白隠さんの前半生の辛苦の後を再現したのもそのためである。いま筆を擱くに当り、法藏館社長西村明氏のご理解と篠原美紀子さんのお骨折りに改めて深い感謝を表するしだいである。

一九九〇年　秋彼岸　　三余居窓下にて　　筆者

西村恵信（にしむら　えしん）
1933年滋賀県に生まれる。花園大学仏教学科卒業。京都大学大学院文学研究科宗教哲学専攻修了。花園大学名誉教授，元花園大学学長，文学博士，現禅文化研究所所長。
著書『迷いの風光』『己事究明の思想と方法』『仏教徒であることの条件』『禅語に学ぶ生き方。死に方。』『坐る―白隠禅師坐禅和讃を読む』ほか多数。

新装版白隠入門――地獄を悟る――

一九九〇年一一月一五日　初　版第一刷発行
二〇一五年　六月三〇日　新装版第一刷発行

著　者　西村恵信
発行者　西村明高
発行所　株式会社　法藏館
京都市下京区正面通烏丸東入
電話〇七五（三四三）〇四五八

印刷・製本　亜細亜印刷

ISBN978-4-8318-6542-7 C0015